RETÓRICA DAS PAIXÕES

RETÓRICA DAS PAIXÕES

Aristóteles

Prefácio
MICHEL MEYER

Introdução, notas e tradução do grego
ISIS BORGES B. DA FONSECA

martins fontes
selo martins

© 1999 Livraria Martins Fontes Editora Ltda., São Paulo,
para a primeira edição.
© 2021 Martins Editora Livraria Ltda.,
São Paulo, para a presente edição.
© 1989 Éditions Rivages para o prefácio e notas.
© Société d'édition Les Belles Lettres, Paris, 1938, para o texto grego.
Esta obra foi publicada originalmente em francês com o título La rethorique
des passions *(prefácio)* e Rethorique (Livro II, chap. 1 à 11) *(texto grego)*.

Publisher	*Evandro Mendonça Martins Fontes*
Coordenação editorial	*Vanessa Faleck*
Produção editorial	*Carolina Cordeiro Lopes*
Revisão da tradução	*Gilson Cesar Cardoso de Souza*
Revisão	*Maria Sylvia Corrêa*
	Solange Martins
	Julio de Mattos
Capa	*Douglas Yoshida*

Dados Internacionais de Catalogação na Publicação (CIP)
Angélica Ilacqua CRB-8/7057

Aristóteles
  Retórica das paixões / Aristóteles ; prefácio de Michel Meyer ;
introdução, notas e tradução do grego de Isis Borges B. da Fonseca.
– 2. ed. – São Paulo : Martins Fontes – selo Martins, 2021.
128 p.

  ISBN 978-65-5554-005-5
  Título original: Rhétorique – Livre II (I-XI)

  1. Aristóteles. Retórica – Crítica e interpretação 2. Filosofia antiga
3. Paixões (Filosofia) I. Título II. Fonseca, Isis Borges B. da II.
Meyer, Michel

21-1920   CDD-185

Índice para catálogo sistemático:
1. Aristóteles : Obras filosóficas 185

Todos os direitos desta edição reservados à
Martins Editora Livraria Ltda.
Av. Dr. Arnaldo, 2076
01255-000 São Paulo SP Brasil
Tel. (11) 3116 0000
info@emartinsfontes.com.br
www.emartinsfontes.com.br

Sumário

Nota à presente edição...................................	VII
Introdução...	IX
Prefácio: *Aristóteles ou a retórica das paixões, por* **Michel Meyer**	XVII
1. As paixões nos diálogos platônicos	XVII
2. O ocaso do platonismo e o nascimento da ontologia proposicional em Aristóteles	XXIII
3. Dialética, retórica e poética	XXIX
4. A articulação fundamental do *logos* proposicional e a gênese do *pathos*	XXXI
5. As grandes paixões segundo Aristóteles	XL
6. A estrutura retórica das paixões: o orador, o ouvinte e a imaginação	XLII
7. A cólera	XLIII
8. A calma, a tranquilidade	XLIV
9. O amor e o ódio, a segurança e o temor	XLIV
10. A vergonha e a impudência	XLV
11. O favor	XLV
12. A compaixão e a indignação	XLVI
13. A inveja, a emulação e o desprezo	XLVI
14. Há um princípio estrutural para as paixões citadas?	XLVI
15. Conclusão..	L
RETÓRICA DAS PAIXÕES	1
1. Do caráter do orador e das paixões do ouvinte..	3

2. Da cólera 7
3. Da calma 17
4. Do amor e do ódio 23
5. Do temor e da confiança 31
6. Da vergonha e da impudência 39
7. Do favor 49
8. Da compaixão 53
9. Da indignação 59
10. Da inveja 67
11. Da emulação e do desprezo 71

Nota à presente edição

O texto de *Retórica das paixões* aqui publicado corresponde ao livro II, capítulos 1 a 11, da *Retórica*. A tradução foi realizada pela Drª Isis Borges B. da Fonseca, professora do Departamento de Letras Clássicas da Universidade de São Paulo. O texto grego que espelha a tradução, e que serviu de base para esta, foi estabelecido por Médéric Dujour e publicado na Collection des Universités de France pela Editora Belles Lettres.

Para facilitar o acompanhamento da leitura da tradução com o original grego procuramos fazer com que os textos das duas páginas coincidissem... quando isto não foi possível, indicamos com o sinal ◆ o ponto na tradução correspondente ao final de página do original grego.

Introdução

Aristóteles nasceu em 384 a.C. em Estagira, pequena cidade situada na península Calcídica, e faleceu em Cálcis, na ilha de Eubeia, em 322 a.C. Seu pai, Nicômaco, era médico de Amintas II, rei dos macedônios, pai de Filipe II e, portanto, avô de Alexandre Magno. A origem da família de Aristóteles era legitimamente grega e sua cidade natal tinha população puramente grega.

Como Aristóteles perdeu os pais muito cedo, ficou sob os cuidados do próxeno* de Atarneu, cidade da Eólida na Ásia Menor. Em 367 a.C., foi enviado pelo seu protetor para Atenas, onde iria frequentar a Academia de Platão. Aí permaneceu vinte anos até a morte do mestre, ocorrida em 347 a.C. Espeusipo, filho de uma irmã de Platão, sucedeu a este na Academia, mas Aristóteles e Xenócrates da Calcedônia partiram de Atenas com destino a Asso, na Mísia da Ásia Menor.

Atribui-se a partida de Aristóteles de Atenas não apenas à questão da sucessão na Academia, mas ao agravamento das relações dos atenienses com Filipe da Macedônia, que já tinha ocupado pontos muito importantes da Calcídica, de influência predominantemente ateniense. Basta lembrar a perda de Olinto em 348 a.C., a mais poderosa das cidades prósperas de uma rica região, na fronteira da Macedônia. Apesar dos três discur-

---

* O próxeno acolhia em sua cidade os estrangeiros que aí se instalavam sob sua proteção, quando designado oficialmente pelo Estado para defender os interesses de determinada cidade.

sos que Demóstenes proferiu, entre o outono de 349 e a primavera de 348, concitando os atenienses a impedir os avanços de Filipe contra Olinto, o atraso no envio de socorros lamentavelmente ocasionou a destruição da cidade.

A grande atividade bélica de Filipe, coroada de grandes vitórias em prejuízo de Atenas, e a ligação da família de Aristóteles com o rei macedônio são fatos que evidenciam a situação incômoda de Aristóteles, sobretudo com a perda do apoio que indubitavelmente sempre teria de seu mestre e grande admirador, que o alcunhara de o *Espírito*, a *Inteligência*.

A opção de Aristóteles por Asso, ao partir de Atenas, explica-se pela grande amizade que surgira entre o filósofo e Hérmias, soberano de Atarneu que já acolhera naquele local alguns dos ex-discípulos de Platão como Erasto e Corisco. Calístenes e Teofrasto também aí residiram. Asso tornou-se realmente um centro de vida intelectual notável, naquela época.

Três anos mais tarde, Aristóteles, a convite de seu amigo Teofrasto, parte para Mitilene, na ilha de Lesbos. Aí permanece até 342 a.C., quando aceita assumir a educação do jovem Alexandre, filho do já famoso rei macedônio Filipe II. Nessa fase de sua vida, Aristóteles dedica-se a seu papel de educador e também a estudos teóricos. Em 341, sua tranquilidade foi perturbada pela morte dramática de Hérmias, crucificado em Susa após a descoberta de sua aliança com Filipe da Macedônia, numa conspiração contra o então debilitado império persa. Em sua memória, Aristóteles compôs um epigrama para o monumento erigido àquele soberano em Delfos, e o famoso hino à virtude (*Aretà polymochthe...*).

Aristóteles voltou para Atenas somente em 335/4, um ano após a morte de Filipe II, que teve como sucessor seu filho Alexandre. Em seu regresso, fundou o Liceu, onde ensinava passeando, fato que deu origem a um outro nome para sua escola, o de Escola Peripatética, sendo chamados peripatéticos os seus membros. Aristóteles dava duas aulas por dia, a primeira, pela manhã, para um grupo restrito de discípulos, a segunda, à tarde, para um grande número de ouvintes. Esse trabalho estendeu-se por cerca de treze anos, e mais uma vez a situação política de Atenas veio perturbar a atividade cultural do gran-

de filósofo grego que se entregava com desvelo à docência e à elaboração de obras de valor incontestável. A morte de Alexandre Magno, em 323 a.C., veio conturbar sobremaneira os atenienses. Realmente, esse evento desencadeou um novo movimento que atingiu também Aristóteles. Assim, ele foi ameaçado por um processo de impiedade, com apoio no hino que compusera em homenagem a Hérmias. Afirmava-se que se tratava de um peã, uma das formas de lirismo coral, que consistia num canto de alegria em honra dos deuses. O hino a Hérmias, pois, constituía uma profanação de um canto consagrado somente às divindades.

Para escapar ao processo, Aristóteles partiu para Cálcis, na ilha de Eubeia, onde veio a falecer no ano seguinte.

Conta-se que ele próprio disse ter partido de Atenas com receio de que os atenienses cometessem, pela segunda vez, um crime contra a filosofia.

No que concerne às obras de Aristóteles, deve-se observar que elas estão diretamente ligadas à sua atividade docente. Para publicação estavam reservados os tratados preparados para cursos públicos ou *exotéricos*, mas desses restam apenas fragmentos de obras redigidas geralmente em forma de diálogo. As obras que permanecem correspondem ao ensino ministrado pelo filósofo a seus alunos mais adiantados, em seus cursos fechados, ditos *esotéricos*. Não se trata de diálogos, mas de explanações sem nenhuma preocupação literária, porquanto Aristóteles tinha em vista apenas o aproveitamento de seus ensinamentos por seus discípulos.

A Teofrasto, discípulo de Aristóteles e seu sucessor no Liceu, foi legado todo o material contendo as anotações das aulas do curso, e sua publicação ocorreu somente no século I a.C., quando o ditador romano Sila, após a tomada de Atenas, em 86 a.C., levou para Roma esse precioso material.

O conhecimento enciclopédico de Aristóteles é evidente pela simples citação de suas obras, em que são representados todos os ramos da ciência antiga, com exceção das matemáticas.

No estudo da *lógica*, que deve preceder todos os demais, destacam-se *Categorias, Primeiros Analíticos, Segundos Analíticos*, em que há a demonstração da verdade pelo silogismo,

"depois, os *Tópicos*, arte de conhecer e estabelecer o verossímil, mediante a dialética. E, para não dar por verdadeiro o que só é verossímil (sofística), corrige-se o método pelas *Refutações*". (Cf. A. Reyes, *La crítica en la edad ateniense*, México, Fondo de Cultura Económica, 1967, p. 207.)

Os escritos sobre a lógica constituem a coleção que os peripatéticos chamaram de *Órganon*, isto é, "instrumento", por ser necessário para os estudos subsequentes.

Deve-se assinalar um segundo grupo de obras, o das *ciências*: *Física* (8 livros), *Do céu*, *Dos meteoros*, *Da geração e da destruição*, *Das partes dos animais*, *Da geração dos animais*, *História dos animais* (10 livros).

Os tratados de *psicologia* e *metafísica* (o estudo do ser enquanto ser) formam um terceiro grupo.

Moral e *política* formam um quarto grupo, compreendendo *Moral a Nicômaco* (10 livros), *Política* (8 livros), *Constituição de Atenas*.

O quinto grupo abrange a *Poética* e a *Retórica* (3 livros).

Diz-se que Aristóteles elaborou a *Retórica* no intuito de mostrar o caráter deficiente e pouco filosófico do tratamento dado a esse campo de conhecimento por Isócrates que, desde 393 a.C., mantinha uma escola de retórica em Atenas. No entanto, para esse mestre da oratória, a retórica e a filosofia recobriam uma mesma realidade. Considerava o falar bem e o pensar bem como artes equivalentes e, assim, ele unificava a retórica e a filosofia. Sua concepção do saber humano diferia muito das exigências de Platão, uma vez que preferia utilizar-se da opinião, da *dóxa*, e não das inúteis inquirições dos filósofos que tentam levar a certezas filosóficas. Com base no verossímil, portanto, Isócrates chegava a ideias aceitáveis e úteis.

Pela importância de que se revestia a questão da retórica, num momento em que as duas escolas, que preparavam cidadãos para a vida pública em Atenas, a do filósofo Platão e a do mestre de retórica Isócrates, não se mostravam concordes em seus ensinamentos, Aristóteles, que sempre revelou grande interesse pelo assunto, resolve tomar posição estabelecendo leis para a retórica e definindo-lhes as regras. Para ele, a retórica deve ser sobretudo uma rigorosa técnica de argumentar, mas

distinta daquela que caracteriza a *lógica*. Esta serve-se de silogismos para alcançar a demonstração irrefutável, enquanto a retórica utiliza os silogismos, denominados por Aristóteles *entimemas*, que, embora convincentes, são refutáveis. De fato, a retórica pode concluir, ao mesmo tempo, teses entre si contrárias.

Em se tratando de fins políticos, por exemplo, ele não achava aconselhável a utilização exclusiva de verdades universais, pois é significativo o papel das opiniões que, de fato, constituem as premissas do raciocínio retórico. Aristóteles observava que a retórica, não se baseando em princípios, não era tratada pelos especialistas como uma arte. Para ele, o orador, podendo sustentar uma tese ou anulá-la, devia descobrir pelo pensamento, pela reflexão, em qualquer questão, o que ela encerrava de persuasivo. Em sua concepção, era um absurdo servir-se a retórica de uma coleção de fórmulas empíricas, como faziam seus predecessores.

Não se pode deixar de assinalar certos pontos marcantes de discordância entre Platão e Aristóteles, com relação à retórica. Assim, em oposição a Platão que, no *Górgias* e no *Fedro*, condenava a retórica em nome da moral, Aristóteles considerava que ela em si mesma não é moral nem imoral. Diz ele em sua *Retórica*: "Ademais, seria absurdo que fosse vergonhoso não poder defender-se com seu corpo, e que não fosse vergonhoso não poder defender-se pela palavra, pois isso é mais próprio do homem do que servir-se do corpo" (*Ret.* I, 1.355 a 39 s.). Destaca, a seguir, a utilidade da retórica, afirmando que o bom uso de qualquer faculdade do ser humano pode ser muito útil, enquanto o mau uso pode ser muito prejudicial.

Nessa questão da conformidade dos atos com a moral, é imprescindível fazer a distinção entre a *retórica*, ciência relativa, e a *ética*, ciência absoluta.

Outro ponto importante a ser destacado na divergência entre os dois filósofos está relacionado com a emoção. Enquanto, na *República* e nas *Leis*, Platão quer restringir a exploração das paixões, Aristóteles, ao contrário, dá-lhes todo o apoio, exigindo, entretanto, que sejam orientadas e não admitindo exibições dramáticas.

Quanto à obra por excelência no trato da arte oratória, a *Retórica* de Aristóteles, é de interesse observar como ela se desenvolve. Compõe-se de três livros, que revelam redações de dois períodos diversos, no pensamento retórico de seu autor. No livro I (excetuando-se o cap. II), Aristóteles coloca como ponto central o que não só é *artístico* (*éntechnon*), isto é, dependente da arte do orador, mas também se apresenta sobretudo marcado pela objetividade; de fato, toma as argumentações demonstrativas, denominadas *provas* (*písteis*), como elemento essencial. É tarefa do orador conduzir racionalmente o que pretende demonstrar. No que se refere às alterações provocadas pela emoção do orador, provas também artísticas mas subjetivas, não têm importância, porque não concernem ao assunto propriamente dito, unicamente ao juiz.

Nesse livro I são estudados os três gêneros retóricos: o *deliberativo*, que procura persuadir ou dissuadir, o *judiciário*, que acusa ou defende, e o *epidítico*, que elogia ou censura.

Diferente do livro I é a posição que assume Aristóteles desde o início do livro II da *Retórica*, porquanto reconhece, então, ser insuficiente uma retórica demonstrativa para que o orador obtenha a confiança dos ouvintes. Diz ele: "Mas, visto que a retórica tem como fim um julgamento (com efeito, julgam-se os conselhos, e o veredicto é um julgamento), é necessário não só atentar para o discurso, a fim de que ele seja demonstrativo e digno de fé, mas também pôr-se a si próprio e ao juiz em certas disposições".

E mais adiante: "As paixões são todos aqueles sentimentos que, causando mudança nas pessoas, fazem diferir seus julgamentos...".

O estudo das *paixões* (*páthe*) abrange na *Retórica* os onze primeiros capítulos do livro II e corresponde precisamente à *Tradução* apresentada nesta edição. Segue-se o estudo do *caráter* (*éthos*) com seis capítulos e, por último, Aristóteles trata dos lugares comuns a todos os gêneros (caps. 18 a 26).

O livro III, que compreende o estudo da forma, do estilo, constitui com os dois livros precedentes um tratado completo da arte oratória.

Após a apresentação sucinta da *Retórica*, é de interesse retornar ao livro II para insistir sobre noções básicas, indispensáveis para a boa compreensão do texto apresentado em tradução nesta edição. Assim, os meios artísticos, técnicos, *páthos* e *éthos* de que fala Aristóteles são *subjetivos*, morais em oposição aos *objetivos*, que são intelectuais, lógicos.

Quando se refere a *caráter*, deve-se entender a autoridade do orador, a qual depende de sua prudência, de sua virtude e de sua benevolência. As paixões não são entendidas aqui como virtudes ou vícios permanentes, mas estão relacionadas com situações transitórias, provocadas pelo orador. É preciso, porém, considerar os hábitos ou tendências preponderantes, as pessoas com maior ou menor inclinação para cada uma dessas paixões e ainda os motivos que as provocam.

Pelo exposto, fica evidente a relevância de que se revestem os capítulos dedicados às paixões, o que se traduz em estudos voltados exclusivamente a esse tema. O texto dos onze capítulos do livro II, traduzido nesta edição, constitui um testemunho significativo da posição de destaque que o caracteriza, no desenvolvimento da *Arte retórica* de Aristóteles.

Para a citada tradução, o texto grego de referência aqui utilizado foi o estabelecido por M. Dufour (edições Les Belles Lettres, Paris, 1967).

Isis Borges B. da Fonseca

PREFÁCIO

Aristóteles ou a retórica das paixões
por Michel Meyer

1. As paixões nos diálogos platônicos

De fato, tudo começou com Platão, talvez mesmo com Sócrates e os sofistas[1]. A contingência do devir, a pluralidade das opiniões, o universo sensível às informações incertas remetem à problematicidade generalizada que se apoderou da *Weltanschauung* dos gregos. Os sofistas utilizam a abertura do pensamento, com suas alternativas tornadas insolúveis, para promover as mais presunçosas opiniões sem se constranger, quando de seu interesse, ao defender depois a tese contrária. Quanto a Sócrates, ele volta a problematicidade contra aqueles que pensam poder concluí-la em seu proveito: os homens do poder, os notáveis da Cidade e os sofistas que eles pagam para promover ideias conformes a seus interesses particulares. Submetendo essas ideias à prova do questionamento, Sócrates não só inaugura o que se chamará a partir de então a empreitada filosófica, mas mostra que as respostas apresentadas pelos sofistas e os notáveis são respostas aparentes, que deixam sem solução, no final do diálogo, o problema colocado de início. Os notáveis não perdoarão a Sócrates ter posto em evidência sua incapacidade de responder e, assim, ter provado ser injustificável sua pretensão de ocupar os postos importantes da Cidade. O juiz

----
1. Sobre esse ponto, ver M. Meyer, *De la problèmatique* (Bruxelles, Mardaga, 1986), e também "De Aristote à Heidegger", in *Revue Internationale de Philosophie*, nº 168, 1/1989, volume consagrado a Heidegger.

não pode responder sobre a justiça sem se contradizer, embora seja em nome de saber o justo que ele tem o poder de ser juiz; o general não pode responder sobre a coragem, e assim por diante.

Para Platão, o que o procedimento socrático tem de precioso é a radicalidade adequada. Sócrates, ao interrogar-se "que é X?", virtude ou coragem por exemplo, não pressupõe nada quanto a X e portanto não corre o risco de introduzir uma resposta-opinião sobre X de que não se tivesse dado conta. X é alguma coisa, mas o que ele é constitui precisamente o objeto da questão: pode, por conseguinte, ser tudo ou qualquer coisa. E nada *a priori* é excluído como resposta. Estando a questão totalmente aberta, não existe interrogação mais fundamental, mais radical sobre X. Uma pergunta completamente diferente pressuporia a sua resposta: se perguntamos se X é útil, belo, grande ou seja lá o que for, somos reconduzidos inevitavelmente à pergunta socrática "que é X?", pelo menos de maneira implícita, uma vez que X deve na verdade ser alguma coisa para ser belo, grande ou útil. E se X é útil, por exemplo, isso prova que é alguma coisa e a resposta terá forçosamente pressuposto uma solução à pergunta "que é X?"[2].

Mas Platão, ao contrário de Sócrates, recusa-se a descartar de início qualquer resposta possível, sob pretexto de que, na pergunta "que é X?", não se sabe exatamente o que se busca. X é isto mais do que aquilo? Não se pode afirmá-lo porque é o que se está perguntando. Como ter certeza? Nunca se terá, e qualquer resposta estará marcada pela problematicidade, essa problematicidade que cremos ter resolvido e que nos limitamos, na realidade, a deslocar. Sócrates sabe que não sabe nada. Não pretende responder às perguntas que faz: sabe que essas perguntas permanecem, como sabe que quem acha tê-las resolvido é um impostor, que ele o desmascarou como tal e que é inútil ocupar uma posição de notável em nome de um pretenso conhecimento de soluções, o qual não se possui efetivamente.

....

2. "O que escapa à maior parte dos homens é sua ignorância da natureza essencial de cada coisa. Deixam assim, julgando conhecê-la, de

Platão pensa poder determinar as condições de um responder possível ao questionamento e, com isso, criar o *logos* racional. Será isso responder, considerado como tal? Não, porquanto o que o questionamento revela é que, situando-se em relação a ele, como questionamento, não se chega a nenhum resultado. Quando perguntamos o que é X, como faz Sócrates, não sabemos o que buscamos; então, é impossível dizer se encontramos ou não a resposta; e, se afirmamos saber o que é X, para que perguntá-lo de novo? Trata-se do paradoxo de Mênon (80 d-e), que Platão utiliza a fim de mostrar que, para resolver o questionamento socrático, é preciso uma teoria do *logos* diferente de uma concepção baseada na problematicidade. Esta, como vimos, coincide com tudo o que Platão rejeita: a incerteza das alternativas, a insolubilidade ligada à multiplicidade das opiniões, o caos do sensível etc. Por mais que o *logos* seja enquadrado como responder, ele não será concebido como tal. Daí a não menos célebre teoria das Ideias ou essências. Como nasceu ela, exatamente? Muito simples: a partir da hipótese de que, se perguntamos "que é X?", supomos que X *é* alguma coisa e que o *ser* de X é o objeto da resposta, portanto da pergunta. Por conseguinte, a pergunta "que é X?" deve ler-se "que *é* (este) X?". Não nos interrogamos tanto sobre X quanto sobre o *ser* de X, donde o desdobramento que se opera entre os X, os Y, os Z e o ser de X, Y e Z. As essências remetem a um mundo inteligível, ao passo que as próprias coisas dependem do mundo sensível. Essas Ideias (ou essências) apresentam a necessidade exclusiva que Platão espera do *logos*, e que o define. Ele a chama de "apoditicidade" (de *apodeixis*, demonstração). Para evitar a pluralidade das opiniões e a incerteza do caos sensível, é preciso que o X sobre o qual se responde seja o que é e nada mais, que seu ser o identifique de maneira exclusiva, sem alternativa possível. A necessidade é assim a necessidade do *logos*. A *ideia* de X é que faz que X esteja para X com exclusão de *outra* coisa: a alternativa é

---

pôr-se de acordo no início da pesquisa. Mas depois pagam o preço normal desse descuido: não se entendem nem consigo mesmos nem com os outros" (*Phèdre*, 237 C, trad. franc. L. Robin, Paris, Gallimard, Coll. La Pléiade, 1964).

mencionada aqui como o que deve ser excluído, por negação, por assim dizer.

Uma tal visão do *logos*, em que tudo o que não é apodítico dependeria da *doxa*, da opinião e da sensibilidade, sempre suscetível de desmentido, é no mínimo insuficiente, sem dúvida. Aliás, ela peca pelo que condena: enraíza-se no problemático, que resolve negando, decerto, mas que funciona como referência implícita e oculta. Por outro lado, para saber o que *é* X, já é preciso poder diferençá-lo de Y ou de Z, o que implica que a essência ou ideia de Y assenta, apesar de tudo, em um conhecimento sensível, por mais impreciso que seja. Assim, o ponto de partida é problemático, como o sensível em geral, e tudo o que daí decorre só pode ser igualmente problemático, apesar dos decretos e dos protestos. Para Platão, a dialética parte do sensível para ascender às Ideias e em seguida torna a descer ao sensível a fim de explicá-lo, não sendo apenas um jogo de Ideias puras, como na matemática. Essa dialética é ao mesmo tempo apodítica, portanto científica, e enraizada no problemático, isto é, nas questões que nutrem os diálogos, que exprimem a ignorância subjetiva dos participantes. Como a dialética pode ser simultaneamente a voz da necessidade (objetiva) e a expressão da ignorância dos homens (subjetividade: eu sei isto, outro o ignora, por conseguinte se interroga)? Uma tal antinomia somente será resolvida com Aristóteles, que separará a dialética (lugar da argumentação) da ciência, cuja textura é a lógica. Aristóteles se dedicará a produzir uma teoria da argumentação e da retórica, como se dedicará a teorizar a lógica, enquanto Platão amalgamava as duas, poupando-se com isso a preocupação de produzir conceitualizações independentes, próprias a cada uma. Se Aristóteles teve de codificar a lógica e se foi o primeiro também a sistematizar a retórica, isso decorre da explosão inevitável da dialética platônica num *logos* "destinado" a levar as marcas do humano e de sua contingência, assim como a poder engendrar, somente por proposições, julgamentos apoditicamente verdadeiros.

A verdade é que a alma está dividida entre esses dois *logoi* já em Platão, e que aí se trama o jogo das paixões, dos desejos sensíveis, embora estes não façam, verdadeiramente, parte do *logos*. Daí a alegoria, o mito, as imagens a que Platão recorre

no *Fedro* para falar do que escapa à razão, do que se lhe opõe e que deveria também poder, apesar de tudo, voltar a ela.

A alma é comparada a animais atrelados, conduzidos por um cocheiro que tenta harmonizar os puxões dos cavalos que se lançam em direções opostas. Eles simbolizam de fato o apetite sensível e a força de resistência a esse apetite, enquanto o cocheiro representa o julgamento da razão sã.

Poder-se-ia pensar que a razão bastaria para dominar o desejo sensível sem apelar para um terceiro elemento, representado aqui por um dos cavalos, o espírito de resistência, o esforço, a coragem, a vontade em suma. Uma faculdade intermediária entre a pura razão e sua ausência. Conhecer o bem é proibir-se de fazer o mal e ninguém pode, portanto, ser mau voluntariamente. A maldade só pode provir da ignorância. Entretanto, isso não impede Platão de introduzir o terceiro elemento, como se vê mais claramente ainda na *República*, Livro IV, em que ele utiliza o exemplo da sede para ilustrar o desejo sensível:

"Devemos afirmar que há casos em que as pessoas sedentas se recusam a beber? – Ah, disse ele, certamente, muitas pessoas e em muitos casos! – Mas, repliquei, o que se afirmaria de tais pessoas? Não seria que, enquanto no fundo de sua alma há o que as incita a beber, dentro dela há o que disso as afasta, princípio distinto daquele que incita e que o domina?[3]"

Há na alma, ao lado da razão, um princípio *ativo* e um princípio *passivo*, ação e paixão se compensando, de certo modo. Essa vontade de lutar contra a paixão não é verdadeiramente racional, na medida em que ela própria se mostra, afinal de contas, bastante passional, e Platão caracteriza-a como um "ardor de sentimento", uma prova de coragem que consiste em encolerizar-se contra a violência que os desejos exercem sobre nós se não cuidamos, precisamente, de lhes resistir: "É que, às vezes, a irritação luta com os desejos, como se fosse uma força diante de outra.[4]"

....
3. *République*, 439 c, trad. franc. L. Robin, Paris Gallimard, La Pléiade.
4. Ibid., 440 a.

O estatuto particular dessa função da alma, que se chamará irascível – visto que se trata de lutar e se enfurecer contra seus desejos – não deixa de suscitar problema. Deve-se colocá-la do lado da função raciocinante ou do lado do impulso sensível, que chamaremos o concupiscível, se bem que seja distinta do concupiscível do aspecto sensível, segundo as circunstâncias e os casos?

Para bem compreender o que anima aqui Platão, é preciso entender o dilema com o qual ele se confronta. A Razão tende para um bem e o conhecimento deste leva naturalmente a praticá-lo. Lembremos: ninguém é mau voluntariamente. Traduzamos: o mal é fruto da ignorância, da ausência da razão, e puro produto da paixão, cega e automática, como a sede que induz a beber. O sábio está no Bem e, no entanto, conseguiu dominar ou eliminar suas paixões. Em compensação, aquele que está entregue a elas nem mesmo sabe o que faz e sequer tem alguma possibilidade de sabê-lo, visto que então deveria *saber* o que ignora e isso seria contraditório. Não há pois, realmente, possibilidade de passagem da paixão à razão. Ou eu sei e já não preciso ficar sabendo, ou ignoro e não sei nem mesmo que deveria ficar sabendo, nem o que posso saber. Esse dilema faz lembrar o paradoxo do *Mênon*. Se sei o que busco, já não tenho necessidade de buscar, e, se não sei, sequer me é possível buscar. Lembremos que o *Mênon* é um diálogo consagrado à virtude: nele, o vínculo entre o Bem e o saber é reafirmado. Não nos admiremos de ver o paradoxo do *Mênon* transposto aqui. Ou temos razão ou estamos privados dela, sem esperança de adquiri-la, pois seria preciso saber pela razão que estamos situados fora da razão. O filósofo, nessas condições, não se justifica, porquanto não se pode fazer tirar proveito da razão aqueles que, sem o saber, dela estão privados. A passagem da paixão à razão é, ou inútil, ou impossível, o que nos dois casos condena a filosofia. Mas, dizendo que o homem comum vive de suas paixões, o filósofo mostra que se pode proferir um discurso, um discurso racional, sobre o que mais se distancia dele. Isso quer dizer que, ao mesmo tempo, a superação do passional é assegurada, pois falar dele é situar-se além. Falar das paixões equivale, para a razão, a saber quan-

do não se sabe e o que é possível saber vendo o que há a superar. A paixão desempenha assim o papel de revelador, se não de legitimador (paradoxal) do filósofo precisamente em sua necessidade, com relação ao homem comum. Às três partes ou funções da alma acha-se associado um tipo de homens na Cidade: ao rei-filósofo corresponde a supremacia da razão; à massa laboriosa, somente preocupada em saciar seus apetites sensíveis, a paixão; e à execução dos desígnios da razão, os guardas, que têm assim o papel de classe intermediária.

Mas na paixão há mais que um simples papel negativo ou mesmo a justificação política de uma classe de guardas na Cidade. As paixões, para Platão, visam a explicar que o homem não se preocupa com a razão nele oculta. O saber é idêntico à virtude por ser conquista operada sobre a ignorância do Bem, à qual os apetites sensíveis conduzem irremediavelmente o homem quando não são refreados. O saber liberta da necessidade sensível, fazendo descobrir a verdadeira natureza do bem.

Em conclusão, a paixão é o que faz que eu ignore; a razão, que eu conheça; e a força da vontade, que eu possa aprender.

2. O ocaso do platonismo e o nascimento da ontologia proposicional em Aristóteles

O estatuto da parte irascível da alma acha-se assim, para Platão, ligado ao do saber. Sem essa faculdade intermediária, não se poderia nem adquirir nem ensinar a virtude, simplesmente porque nada poderia ser aprendido. Não basta conhecer os fins para realizá-los, porquanto é preciso também a força para fazê-lo, uma força que deve afastar o espírito das paixões que o impelem para os prazeres imediatos, sensíveis, e lhe fazem esquecer os fins autênticos. O exercício da razão exige uma ascese, um deslocamento dos desejos, em proveito unicamente das exigências do *logos*. Pensar um fim racional requer uma vontade real de atualização, um domínio sobre as paixões mais fáceis de satisfazer, pois seu objeto é mais palpável e mais acessível. A alma, voltando a lembrar-se do que sempre soube, liberta-se simultaneamente do corpo-obstáculo, que

subordinaria a razão à paixão se a alma não pudesse se libertar desta. Adquirir o saber nada mais é do que reencontrá-lo por meio do sensível, mas para além do sensível, véu necessário, mas véu ainda assim com respeito ao inteligível.

Para Aristóteles, o problema do *Mênon* permanece um dilema que é preciso resolver por ser absolutamente fundamental, visto que se trata de explicar a aquisição do saber. No começo dos *Segundos Analíticos*, em que expõe sua concepção de ciência, ele diz mesmo que sua visão resolve esse paradoxo colocado por Platão como exigência que toda epistemologia tem de enfrentar. A ontologia, tendo o ser como necessário, apresentar-se-ia como uma solução incontornável. Mas Aristóteles não acha possível, nem aceitável, partir do sensível, sempre hipotético e contingente, para fundar a ciência, o saber, o qual não pode ser nem uma coisa nem outra, tendo por objeto a verdade necessária, apodítica. Ora, a dialética platônica enraíza-se nesse ponto de partida: no fim das contas, só pode ser tributária dele. Se se parte do problemático, como esperar que aquilo que dele provém não o seja? Partir do sensível para alcançar o inteligível é postular um procedimento impossível de realizar. O saber não pode ser apodítico se nasce daquilo que não o é. A dialética será, ou contingente como as perguntas e respostas dos interlocutores, ou necessária como o saber que já não será, então, dialético, mas (dirá Aristóteles) analítico. Dar-se um ponto de partida é estabelecer um princípio. Será este então o sensível, ao qual o inteligível, diferente por natureza, não pode se reduzir, ou será o inteligível, cujo acesso deve ser explicado, sobretudo se aceitamos o fato de que os homens partem das sensações e do conhecimento sensível antes de tudo? O dilema parece impossível de resolver, uma vez que remete à alternativa do mistério inacessível e da contingência sensível estranha a todo conhecimento verdadeiro. Platão julgará achar a solução na cisão da dialética em duplo movimento, ascendente e descendente, correspondendo ao que se chama em geometria, desde Papus, análise e síntese. Embora eu tenha exposto longamente a articulação interna dessa dialética em minha *Problematologia*, creio não ser

inútil lembrar, em todo caso, suas dificuldades – porque elas vão levar Aristóteles a lhes dar naturalmente uma solução.

O ponto de partida da análise é problemático: *supõe-se* uma questão resolvida para poder, precisamente, resolvê-la. Apresenta-se uma hipótese e tiram-se consequências a fim de testá-la, verificá-la. Como esperar chegar a isso? Se o ponto de partida é problemático, toda a cadeia de inferências que dele procedem também o será. É preciso, então, um segundo movimento chamado síntese, em que se parte das consequências, estas, porém, consideradas como fatos conhecidos independentemente, donde se deduz a hipótese da análise, a qual faz as vezes agora de conclusão para a inferência. Tomemos um exemplo simples: vejo gotas de água escorrendo pela minha vidraça e concluo daí que é a chuva a cair – *porque* a chuva, quando cai, sempre se espalha em gotículas pelas paredes lisas onde bate. Temos, em suma: se A, então B, porque B implica A. A primeira inferência parte de uma observação sensível, dando lugar a uma hipótese que se verifica em seguida, e também instantaneamente, por um movimento inverso. Há gotas de água, portanto chove; pois, se chove, há gotas.

Para que o processo de validação possa ocorrer, a síntese, que verifica as hipóteses sucessivas da análise, deve ser independente dela. Deve constituir um movimento distinto, o que evidentemente não é o caso: as consequências da análise são tiradas em vista da síntese inversa. A dialética representa esse duplo movimento que unifica análise e síntese numa ida e volta integradas. Equivale a dizer que a síntese, enraizando-se na análise e em seu resultado hipotético inicial, é igualmente problemática, permanecendo circular em suas conclusões. Os geômetras, aliás, bem o sabiam, já que procediam *seja* por análise, *seja* por síntese, sendo ambas redundantes. Descartes utiliza ainda, nas *Segundas Respostas às Meditações*, o método sintético para reencontrar, de outra maneira, o que a ordem das razões, analítica, fizera-o descobrir, seguindo a trajetória de uma consciência somente propensa às ideias claras e distintas.

É, pois, ilusório querer fundamentar a análise na síntese, já que os dois procedimentos não podem se tornar autônomos reciprocamente. Ou eles se duplicam ou se adaptam um ao

outro, não sendo a síntese mais que a inversão, às vezes automática, da análise. Daí a ideia de Descartes de fazer delas um simples modo de exposição de resultados, cuja descoberta prévia a análise assegurou para si. A dialética permanecerá problemática ainda que pretenda eliminar toda problematicidade, porque nela a síntese depende da análise. Em suma, a questão é saber como se *chega* ao princípio, questão um tanto contraditória na medida em que o princípio, sendo primeiro, constitui um ponto de partida mas não de chegada. O desdobramento da dialética em análise e síntese parece poder resolver esse paradoxo, porquanto o primeiro não o é e o é ao mesmo tempo, conforme se considere a ordem da análise ou a ordem da síntese. O que é primeiro sinteticamente é último analiticamente. Mas se for preciso dissociar análise e síntese sem que isso seja verdadeiramente possível, resultará que não se poderá de fato resolver a questão do princípio. Ele é primeiro e último sob um ponto de vista diferente, mas, como a ordem analítica nos faz partir de uma realidade hipoteticamente primeira, o que é primeiro em si (sinteticamente) só nos será conhecido problematicamente, embora o fundamento em si seja teoricamente a fonte do caráter apodítico do *logos*. É o que vê muito bem Aristóteles: "O próprio Platão se achava nesse ponto, e com justa razão, muito embaraçado, procurando precisar se o caminho a seguir ia aos princípios ou partia dos princípios [...] O certo é que se deve partir do conhecido; ora, o que nos é conhecido o é de duas maneiras: relativamente a nós e absolutamente". Separemos as duas ordens: a da discussão problemática, que Aristóteles chamará dialética ou retórica, e aquela que parte do mais conhecido em si, a ordem da demonstração lógica, com seus silogismos apoditicamente verdadeiros. O *logos* vai assim recuperar a contingência, o hipotético, o possível, o provável, a opinião, que tinham sido relegados por Platão à *doxa*, porque somente o ser é e *não pode* deixar de sê-lo. O retórico pode assim se enunciar num nível próprio ao âmbito do *logos*, ao mesmo tempo que as paixões, nas quais entram em conflito as opiniões humanas. Quanto ao paradoxo do *Mênon*, ele se deixa resolver pela teoria aristotélica da ciência, que parte do conhecido e se dirige para o desconhe-

cido, sem que haja reminiscência, mas apenas lógica. As paixões já não vão servir de contraponto para uma teoria do conhecimento que se define pela remoção e domínio delas, mas vão estar onde, para nós pelo menos, elas têm seu lugar natural no enfrentamento dos homens entre si e na discórdia do homem consigo mesmo. Certamente, se o caráter apodítico permanece a norma natural da ontologia, de todo *logos*, que existe como solução e afirmação da verdade, dever-se-á então concluir que Aristóteles, introduzindo novamente a problematicidade, fará recair o *logos* na contraditoriedade insolúvel, encarnado no aporetismo socrático? O *logos*, excluindo as alternativas, relega ao indizível o problemático que nelas se mostra. Se as oposições, as reversibilidades, as contingências sensíveis são reintegradas no *logos*, este não se destrói no mesmo momento?

Nessa fase assistimos a uma verdadeira revolução intelectual, que terá consequências incalculáveis na história do pensamento, até nossos dias. De que se trata exatamente? Poder-se-ia qualificá-la primeiro da seguinte maneira: o abandono da teoria das Ideias, que apenas conhece a necessidade, em proveito de uma nova visão centralizada na integração da multiplicidade, do acidental, do A que pode ser não A sem que por isso o não ser tenha direito de cidadania. Mas de que maneira o que é, sendo necessariamente ele próprio, poderia ser outro? O ser uno é múltiplo, pelo menos na qualidade de possibilidade intrínseca, *a priori*, sem deixar de ser o que é – portanto, necessário. Ele não pode ser uno e múltiplo ao mesmo tempo e do mesmo ponto de vista (princípio da não contradição). Aristóteles dirá que o ser é uno como sujeito e múltiplo como predicado. A multiplicidade predicativa deixa-se reconduzir a vários grandes grupos que ele chamará de *categorias* (do ser). A teoria da proposição nasceu, codificada em sua forma principal, com o sujeito, o predicado e a ligação que une a diferença ao seio de uma identidade não contraditória.

O proposicionalismo emerge sob a égide do princípio de não contradição: uma alternativa, P/não P, não é a expressão de um problema, como se poderia temer, a emergência de uma contingência que pode presenciar a inversão de seus termos, mas a afirmação de *uma* e sempre *única* proposição. P e

não P podem ser predicados aplicados sucessivamente ao sujeito S, caso em que de cada vez se tem uma única proposição, ou melhor, em que se tem apenas uma proposição porque um dos predicados é inaplicável. Tem-se, pois, uma proposição verdadeira, enquanto a outra, falsa, é excluída. Necessariamente. O *logos* mantém a apoditicidade como norma porque a multiplicidade dos atributos do sujeito se anula na unidade (necessária) deste último. Sócrates é calvo ou não, jovem ou não etc.; mas Sócrates é Sócrates e não pode deixar de sê-lo. Isso exclui as contradições. A contingência acidental dos atributos possíveis, a problematicidade, resolve-se e anula-se no sujeito-substância da proposição, sempre inquestionável em toda questão possível. Quem é jovem ou não jovem, calvo ou não calvo senão aquele que é Sócrates e a propósito do qual a questão se coloca, não estando porém, ele próprio, *em* questão, uma vez que subentende as questões formuladas *a seu respeito?* A necessidade do ser exprime-se, então, antes de tudo, no sujeito proposicional cuja textura apodítica, cuja identidade sem divisão, sem alternativa, fazem dele o lugar privilegiado da ontologia como reflexão do *logos* sobre si próprio e, sobretudo, preservam o seu ideal, formulado pela primeira vez por Platão[5].

Aristóteles conseguiu assim, ao que parece, conservar o caráter apodítico do *logos*, fazendo da contingência a expressão do possível proposicional, que a unidade do sujeito reduz sempre mediante *uma* proposição que diz o que ele é.

Pode-se afirmar a contingência e Aristóteles a afirmará como modalidade do ser, definindo ao mesmo tempo as gran-

---
5. "Toma-se o Ser em múltiplos sentidos, conforme as distinções anteriormente feitas (...) num sentido, significa o que é a coisa, a substância; em outro, significa uma qualidade, uma quantidade ou qualquer predicado dessa espécie. Mas, entre todas essas acepções do Ser, é claro que o Ser no sentido primeiro é 'o que é a coisa', noção que exprime simplesmente a Substância (...) Por conseguinte, o Ser no sentido fundamental, não uma modalidade do Ser, mas o Ser absolutamente falando, somente poderia ser a substância" (*Métaphysique*, Z, 1, 1028, trad. franc. Tricot, Paris, Vrin, 1986, p. 348-49).

des regiões discursivas da dialética, da retórica, da poética, da política e da ética, que se alimentam todas da pluralidade do que é, do que pode ser de múltiplas maneiras, caracterizáveis a cada vez especificamente.

3. Dialética, retórica e poética

Há o que é tal como deve ser. A ciência nos falará disso. Há o que é tal como pode ser, por conseguinte, tal como pode não ser também. Trata-se do objeto da retórica. Para o que foi, mas poderia não ter sido, o gênero discursivo por excelência é a retórica *judiciária*. Julga-se o que aconteceu, mas, como isso poderia não ter acontecido, a responsabilidade do agente fica comprometida e, se há debate, é porque precisamente se julga da oportunidade da alternativa. Será preferível não agir? A ação será o ato culpável que uma das partes proclama como tal? Seria possível não cometer esse ato? Se a resposta for negativa não haverá debate, pois o acontecimento devia se produzir e ninguém poderia impedi-lo. O processo judiciário pressupõe a liberdade, a responsabilidade na ação julgada e a possibilidade de um comportamento alternativo. A oposição das teses e dos advogados no tribunal põe em cena a alternativa, a negatividade imanente ao simplesmente possível.

Se o gênero judiciário se volta para o passado, o gênero que Aristóteles chama epidítico (ou demonstrativo) concerne ao presente e corresponde ao discurso em que entram em jogo o louvor e a censura, o prazer imediato (contemporâneo) necessário à aprovação ou o desprazer com o que se diz ou se ouve, o qual está associado à desaprovação. Rejeição, afastamento ou, ao contrário, apropriação do orador e identificação com ele. Discursos políticos, elogios dos vivos e dos mortos, ou com mais frequência efeitos de estilo, são os objetos privilegiados desse tipo de retórica.

Quanto à terceira grande categoria de retórica, não admira que ela se concentre no futuro: aquilo que será, mas que poderia jamais ser, depende de um poder-ser que não tem nenhuma necessidade e que, visto agora, talvez se anule numa

realidade diversa. Se há debate sobre o futuro, repitamos, é porque se faz uma *pergunta* sobre um poder-ser capaz de inverter-se e a respeito do qual cumpre deliberar, por exemplo tendo em vista uma ação. Esse gênero *deliberativo*, como o chama Aristóteles, é aquele que se emprega principalmente nas assembleias políticas, onde se deve determinar uma opção e uma conduta.

A poética estuda, não o que é e teria podido, pode ou poderá não ser, mas o que não é, embora possa ser. Ocupa-se da *ficção* na medida em que esta imita o real, situando-se em relação ao que é, mas segundo o "não ser". Falar-se-á aqui de *mimesis*, de imitação, de semelhança para qualificar um discurso que é fictício porque enuncia o que não é como *podendo* ser; daí, a semelhança. O receptor, mesmo quando não acredita realmente no que lhe contam, dirá contudo para si mesmo: "É possível." Por isso, afirma Aristóteles: "Somente deliberamos sobre o que nos parece acontecer de maneira diversa, sendo esta a única ocasião de deliberar, visto que jamais se põe em deliberação o passado, quando não se pôde fazer de outra maneira, nem o futuro, quando é impossível que aconteça de outro modo, nem o presente, quando não se pode impedir que seja como é, pelo menos enquanto se permanece nessa opinião e se julga o assunto dessa maneira"[6].

Retórica e poética são complementares como as duas ramificações da possibilidade. Resta a dialética. Mais geral que as outras, a dialética o é simplesmente porque trata do inverso da síntese, puramente lógica, se dirige às leis de base do discurso problemático, e ao que o faz ser tal e se situa como complemento[7] em relação à ciência. Que se estuda então na dialética? O que é anterior à demonstração lógica e científica, como os princípios que ela emprega e que não podem ser demonstrados necessariamente porque estabelecem, precisamente, a necessidade. A dialética ocupa-se igualmente do provável, da opinião e das crenças que tornam plausíveis as inferências aos olhos de um dado auditório.

....
6. *Rhétorique*, I, 1357 a, trad. franc. Cassandre, 1733, p. 19.
7. *Topiques*, I, 2, 101 a.

Mas o que torna possíveis, finalmente, a retórica, a dialética ou a poética é uma certa visão da contingência no interior do *logos* e, mais ainda, de sua modalização *humana*, de que não falamos até agora, mas à qual Aristóteles nos remete o tempo todo, já que subordina a retórica[8], e mesmo a ética, à política[9]. Não se tenta impingir que tudo é decidido antecipadamente, que não se pode influir sobre as decisões, pois a organização da *Polis*, da Cidade, se faz por exemplo autoritariamente por alguns ou por um só, excluindo-se toda participação racional na vida em comum.

Daí a questão de saber como se articulam o humano e o *logos*, ou, mais precisamente, como o *logos* pode desenvolver modalidades de categorização tais como a ação e a paixão, aplicáveis em seguida aos seres particulares (os "objetos" do *logos*) que são os humanos.

4. A articulação fundamental do logos proposicional e a gênese do pathos

Aristóteles tende a separar o que é primeiro em si, a substância, e o que é primeiro para nós, a sensação que adquirimos por meio dos predicados sensíveis. É próprio dos homens ir do particular ao geral, o qual serve de suporte para as qualidades sensíveis e é, assim, anterior a elas do ponto de vista lógico e ontológico. Mas as duas ordens, embora imbricadas conforme vimos, devem ser separadas, como o problemático em relação ao não problemático a fim de resolvê-lo[10]. Nessas condições, não se percebe bem como será possível unir, exceto pelo desejo, o mais cognoscível para nós ao mais cognoscí-

---

8. *Rhétorique*, I, 2, 1356 a.
9. *Ethique à Nicomaque*, I, 1, 1094 b
10. Concepção paradoxal, na medida em que se trata de atribuir uma ordem a outra, como a solução que apenas o é em relação ao problema, separando-o completamente dela para não situá-lo em confronto com ela, visto que o problema a anula como solução. Eis aí todo o paradoxo de resolver uma questão negando-a.

vel em si, que se apresenta antes de tudo como um desconhecido. Reaparece aí o velho problema do *Mênon*, sendo insustentável a separação que Aristóteles pretende praticar. Encontrar-se-ão o *pathos* e a paixão no desvio da junção, entretanto recusada, entre o primeiro em si e o primeiro para nós, humanos. A solução de Aristóteles consiste em sustentar que a substância contém implicitamente os atributos que se conhecem primeiro. Isso equivale a afirmar que a substância está em potência em suas qualidades, que é a atualização delas. Mas poder-se-ia dizer também que ela é o que não é, ou que ela não é o que é, afirmação contraditória se Aristóteles não distinguisse o ser em ato do ser em potência. O que é primeiro em ato é último em potência: o mesmo e não o mesmo, mas de um ponto de vista diferente. O Sócrates velho está em potência no Sócrates jovem e a atualização dessa potencialidade conforma-se com o ser de Sócrates, o qual, por assim dizer, sempre foi o que é.

Obviamente, a ruptura entre o que é primeiro em si e o que vale apenas para nós reduz-se a uma única dimensão, porquanto os predicados, primeiros para nós, vão finalmente se concentrar no sujeito e enunciar o que o sujeito é. A proposição é o lugar de fusão dessa ruptura entre o em-si e o para-o homem. Como o ato e a potência são a diferença de uma identidade, a identidade do sujeito, a proposição definirá o ser do sujeito pelo predicado, que apesar de tudo é bem distinto dele. A assimetria do sujeito e do predicado no interior da proposição é a memória da ruptura entre as duas ordens de pensamento, mas, ao mesmo tempo, anula sua separação. As qualidades do sujeito exprimirão o que ele é; e como Sócrates é incapaz de não ser Sócrates, a contingência, muito paradoxalmente é verdade, estará "reduzida".

O *pathos* é precisamente a voz da contingência, da qualidade que se vai atribuir ao sujeito, mas que ele não possui por natureza, por essência. No início o *pathos* é, então, uma simples qualidade, o sinal da assimetria que prevalece na proposição e a define. Lugar de uma diferença a superar na identidade e pela identidade do sujeito, o *pathos* é tudo o que não é sujeito e, ao mesmo tempo, tudo o que ele é. Vê-se que, à primeira

vista, o *pathos* é ambíguo: é o sinal de uma diferença que se pretende anular, mas também a marca que faz o sujeito não ser um predicado. Não se pode, por conseguinte, transformar o sujeito em propriedade nem, inversamente, fazer do predicado uma substância. A identidade do sujeito lógico apoia-se, pois, no *pathos*: este, com isso, remete ao nascimento da ordem proposicional, cujo caráter contraditório efetivamente revela, pela identidade que ele consagra, descaracterizando-a e anulando-a na diferença proposicional. O *pathos* introduz-se na proposição, ordem única da razão, caso esteja na natureza do sujeito ser aquilo mesmo que *nós* percebemos pelo predicado.

A atualização faz parte da própria natureza do sujeito, enquanto o *pathos* tem o sentido provisório de levar o homem a tomar conhecimento dessa substância. O predicado pertence ao sujeito. A tomada de conhecimento deste último parece-lhe imanente. Não há ordem autônoma do conhecimento do ser que não acabe por fundir-se no próprio ser e manifestar-se a partir dele, fazendo da contingência um momento do que se revelará como necessário e natural. A natureza, segundo Aristóteles, é um devir autofinalizado, um princípio de atualização em virtude da essência do sujeito. *Physis* (natureza) e *pathos* opõem-se, pois a natureza é um princípio ativo de devir, um fim interno do ser que o fez vir a ser em ato o que ele já era em potência. O natural move-se por si, no sentido imanente exigido por sua essência.

O *pathos* finalmente consagra a assimetria do sujeito e do predicado, fazendo deste algo que pertence àquele. Ao mesmo tempo, anula-se como *pathos*. Todavia, sem ele, não haveria esse *resultado*, a saber, que a proposição se anula sem a assimetria de seus dois componentes. O sujeito acolhe a predicação, mas nunca é ele mesmo predicado[11]. Eis aí uma definição sem dúvida negativa, mas que nem por isso deixa de ilustrar efetivamente a ideia de assimetria constitutiva da ordem proposicional. O *pathos* é, em suma, o momento contingente e problemático que busca reencontrar a natureza das coisas, sua finalidade própria, determinada pela essência. Preserva a iden-

....
11. *Métaphysique* Z, 3, 1028 b e 1029 a.

tidade do sujeito graças à diferença daquilo que não é ele, mas que, mesmo assim, é. O *pathos* constitui, portanto, esse lugar impossível da diferença proposicional sem a qual não haveria identidade de substância. Diferença ontológica verdadeira, o *pathos* representa a supressão da alternativa e do problemático concebido como uma etapa momentânea que se supõe não ter surgido jamais, mas sem a qual o próprio resultado da resolução não teria sentido. Daí a ambiguidade das paixões: não há sujeito sem essa contingência que o afeta e o define (que seria Sócrates se fosse definido apenas por sua essência, senão a mesma coisa que Platão, por exemplo?) e não há sujeito (portanto, identidade necessária) quando a ele se chega somente por seus atributos contingentes.

Mas como se dará essa passagem do *pathos*, como propriedade contingente, para a paixão, tal como costuma ser entendida?

Na realidade, nem todas as propriedades de um sujeito se fundem nele, assegurando a necessidade e a identidade que constituem sua natureza própria. Dir-se-ia que, nessas condições, a contingência da marcha do conhecimento se manifesta em sua diferença, inassimilável para a ordem da substância, do em-si. À natureza opõe-se, então, o campo do humano e de suas prioridades específicas, que se desdobram em relação ao desenvolvimento natural. Qual é a característica dessa região que vê o *pathos* se tornar o lugar do humano, da contingência, da alternativa?

Para os gregos, o artificial e o convencional, isto é, o que não tem seu fim naturalmente em si, mas exteriormente a si, opunha-se ao natural. A ação e a deliberação se apoiarão, nesse caso, na escolha dos meios e dos fins, em seu ajustamento. A paixão, tornada incontornável, exige a ação. Daí a obrigatória relação ética com a paixão, pois a moral se estriba numa justa deliberação capaz de ensejar a ação. A paixão é o obstáculo que a ação enfrenta. Um ser naturalmente levado a realizar sua finalidade essencial não pode deixar de atualizá-la: a planta não tem escolha ética e, ao contrário do que se passa com o homem, seu fim lhe é prescrito. A planta, avançando inexoravelmente para seu destino e realizando-o biologicamente, não po-

deria, pois, ter paixão. O *pathos* tornou-se assim paixão, expressão da natureza humana, da liberdade, comprometido com a ética, portanto com a ação, que transforma a paixão de preferência em virtude.

Mas há mais. Na diferença pura que se cria pela emergência de um *pathos* irredutível ao sujeito, este se vê ameaçado em sua identidade em proveito da pura alternativa. Por esse *pathos*, pela paixão, sai-se da identidade do sujeito, e não somente do em-si, em benefício do humano. A paixão escapa ao *logos*, centrado no caráter apodítico proveniente da identidade redutora do sujeito; assim se compreende o caráter ameaçador e *irracional* da paixão por um *logos* definido apenas pela apoditicidade. O dualismo, que ressurge do aspecto inassimilável do *pathos* à substância, vai opor a ordem humana e a ordem natural, ou, se se preferir, dois sujeitos diferentes. A paixão será assim o próprio conceito do desdobramento, da diferença irredutível, do drama possível, do que escapa ao conceito.

A paixão é a alternativa, sede da ordem do que é primeiro para nós, dissociada essa ordem daquilo que é em si e irredutível a este. Ela é, por isso mesmo, o lugar do Outro, da possibilidade diferente do que somos afinal; o individual por oposição ao universal indiferenciado. A paixão é, portanto, relação com o outro e representação interiorizada da diferença entre nós e esse outro. A paixão é a própria alteridade, a alternativa que não se fará passar por tal, a relação humana que põe em dificuldade o homem e, eventualmente, o oporá a si mesmo. Compreende-se, nessas condições, que a paixão remete às soluções opostas, aos conflitos, à diferença entre os homens. A oponibilidade que une e desune os homens é precisamente o passional, a contingência que os libera ao mesmo tempo que pode entregá-los ao que a destrói e ao que os subjuga.

Quanto à virtude, distingue-se do *pathos* por ser o lugar de identidade do sujeito, que dessa maneira atualiza, exercita e pratica suas disposições. As paixões, ao contrário, fazem no oscilar: são o lugar da alternância, da inversão, sendo grande o risco de que o sujeito aí se perca de alguma maneira. Pela virtude, o homem imita a ordem natural em que se realiza aquilo que, de potência, deve passar a ato. A diferença reside em que, por natureza (portanto, por essência), a saúde é o que faz rea-

lizar-se o salutar, ao passo que o homem deve produzir o fim e, para tanto, escolher igualmente os meios apropriados. Essa busca do Bem, que é aquilo a que se dirige toda ação, é seu fim, a finalidade sobre a qual cumpre deliberar. Daí o papel da razão, que consiste exatamente em escolher os fins e proporcionar-se (literalmente) os meios. O que a natureza faz naturalmente, deve o homem fazer *ativamente* e, sobretudo, *deliberadamente*. Havendo deliberação, há escolha oposta e, portanto, *paixões*. A virtude é então o exercício da razão no homem, contemplativa quando o espírito encontra seu fim em si mesmo, prática quando adota e persegue fins racionais mais exteriores, dominando as paixões, que se opõem e são anteriores à deliberação determinante da escolha final, a qual anula toda oposição possível. A razão fornece um resultado se a paixão o bloqueia mantendo a alternativa, ou o inverso, se percorre os oponíveis. Aristóteles, que entretanto admite as paixões e não as condena *a priori* exceto por seus excessos, não as aprecia verdadeiramente. É o mesmo caso, aliás, da retórica, que ele reabilita mas à qual preferirá sempre a força apodítica do saber científico. "A violência da paixão somente estimula as condições de caráter idêntico, de sorte que, aumentadas e fortalecidas, chegam a suplantar a razão. É preciso, entretanto, velar para que essas paixões se mantenham num justo meio-termo e limitar seu número, cuidando para que em nada contrariem a razão."[12] A virtude exige a reflexão quando, de outro modo, a paixão possa progredir irrefletidamente. A razão é uma paixão refletida, portanto contida, subordinada a um fim *pensado*. "A virtude é, pois, uma disposição adquirida voluntária, que em relação a nós consiste na medida definida pela razão, conformemente à conduta de um homem ponderado. Ela se mantém no justo meio-termo entre dois extremos inadequados, um por excesso, o outro por falta."[13] Não há aqui fins naturais:

....
12. *Ethique à Nicomaque*, III, 1119 b, trad. franc. J. Voilquin, pp. 90-1.
13. *Op. cit.*, II, 1107 a, trad. franc., p. 54. "A virtude moral é um comportamento precedido de escolha, e, visto que essa escolha deliberada é uma tendência acompanhada de reflexão, impõe-se o acordo entre o que a razão afirma e o que a tendência persegue" (ibid., IV, 1139 a 20, trad. franc., p. 154).

eles se acham submetidos à reversibilidade, o que em matéria humana significa *paixão*. Daí os *meios*, que são precisamente o que está em relação lógica com outra coisa, imediatos. O meio-termo é o termo médio que exclui os contrários e, conseqüentemente, o exclusivo. O exclusivo é o fim, o que comanda o resto e exclui a alternativa. Dar livre curso às paixões é permitir que os meios se apresentem como fins.

Analisemos a situação. Para Aristóteles, a paixão é a expressão da contingência; além disso, se de começo o *pathos* é uma simples marca lógica ou ontológica (uma categoria do ser), logo se servirá disso para caracterizar a relação sensível com sua temporalidade inversa à ordem lógica. O jogo dos contrários está inscrito no campo passional, fazendo deste uma preocupação privilegiada para a retórica, que se ocupa das oposições. Mas se há paixão há ação e, ao mesmo tempo, um agente, uma causa eficiente que para realizá-la, para produzi-la não pode ter sido simplesmente natural – o que leva a uma ordem do humano, a um campo antropológico que, afinal, confere todo o seu sentido a essa temporalidade distinta da criação lógica de que falávamos acima. O circuito está fechado: há paixão porque há ação, e essa reciprocidade inscreve-se como interação de diferenças no seio de uma mesma identidade, de uma mesma comunidade. Os homens são diferentes, mas compartilham a busca política, isto é, a preocupação de encontrar um Bem comum definido como ordem pública. É aí que exercem sua liberdade, sua contingência própria, exprimindo assim suas diferenças. Mas, apesar de humano, o animal político afirma sua identidade, no dizer de Aristóteles. Nesse sentido a barbárie, queiramos ou não, não poderia ser "inumana", o que obriga a compreendê-la para poder condená-la. Negar o homem é, na realidade, rebaixá-lo, humilhá-lo, diminuí-lo: é, em suma, impor-lhe a diferença sem identidade possível (consigo mesmo). Uma superioridade indiscutível e imposta é, efetivamente, apenas uma modalidade da prioridade da diferença, da exclusão, e somos levados ao jogo das paixões em que se disputa a incompatibilidade do homem com sua medida de exclusão do Outro em nós. É uma forma de afirmação, pois cada um pôde assinalar em si (evidentemente a má fé é obrigatória, sobretu-

do no espírito dos outros) uma ou outra modalização, felizmente limitada pela lei, cujo fim é precisamente assegurar a unidade e a identidade de uma *Polis*, de uma Cidade.

A paixão, por ser contingente, exprime a diferença no sujeito. Isso equivale a assimilá-la ao que no homem, em *todo* homem, exprime sua individualidade. Mas, ao mesmo tempo, ela conduz ao exclusivo, à rejeição, à negação sempre possível da humanidade do homem, substancialidade da substância humana. Daí a teoria do meio-termo à qual, na história da ética, o nome de Aristóteles está estreitamente ligado. Entre A e não-A encontra-se a virtude, aliás por uma razão muito simples: os extremos se excluem, e aceitar o outro é aceitar a si mesmo porque o outro está em nós, age sobre nós e vive conosco, queiramos ou não. É a Cidade em cada um. Admitir as diferenças, partir delas, preocupar-se com o que a sensibilidade nos permite vislumbrar nos outros é a etapa necessária para chegar a definir um Bem comum a fim de alcançar uma identidade comum. E que é argumentar senão tentar convencer, encontrar uma identidade onde, de início, havia apenas antagonismo, diferença e contestação? As paixões servem para classificar os homens e descobrir se o que sentem é necessário para que quem quer convencê-los aja sobre eles. Há tantas paixões quantos auditórios, talvez mesmo julgamentos, com seus lugares-comuns, seus *topoi*. Ao homem impaciente se ministrará o *topos* segundo o qual tudo ocorre no momento oportuno para quem sabe esperar; ao homem agitado, o *topos* segundo o qual de nada vale correr etc. As paixões formam um reservatório de ditos espirituosos em que se juntam o particular e uma certa forma de universalidade, o bom senso ou o senso comum.

Mas voltemos ainda por um breve instante a esse meio-termo enaltecido por Aristóteles. Atribui-se imediatamente essa solução ao problema ético porque ela é simples ou imprecisa em diversos casos submetidos à deliberação. Na realidade, o meio-termo é para Aristóteles o critério de inclusão de si e do outro no seio do mesmo conjunto político. Tomemos o exemplo da busca de bens materiais. Será isso um vício, uma virtude, uma paixão ou outra coisa qualquer? Para Aristóteles, é um

vício somente no caso extremo. A avareza traz privações aos outros, mas destrói aquele que se entrega a ela ao negar-lhe as alegrias da vida proporcionadas pelos gastos. A prodigalidade, seu contrário, não é muito mais desejável porque priva da posse quem a pratica, além de ser socialmente nociva. Resta então o justo meio-termo, vantajoso para todos: a generosidade. Se para Aristóteles a cupidez, que acabamos de examinar, não está no número das paixões (o que, entretanto, acontecerá a partir da era cristã), isso se deve evidentemente ao fato de ela ser apenas um meio para a "boa vida" de que nos fala Aristóteles. Aquele que fizesse desse meio, como também dos outros prazeres, um fim em si mesmo enganar-se-ia consideravelmente. Mas haverá paixão, ou melhor, vício? Excesso ou erro de julgamento? "Evidentemente, a riqueza não é o bem supremo que procuramos, pois é apenas útil e tem outro fim que não ela mesma"[14]. Sem dúvida existe, para os prazeres dos sentidos, para as honras e para a riqueza um tipo de homens, e até de vida, sempre em correspondência, afirma Aristóteles. As paixões da multidão, as ambições dos homens de ação, o materialismo dos negociantes vão tornar-se, depois de Santo Agostinho, a própria essência das paixões. Essa "reviravolta cristã" transformará em paixão a ilusão de que um meio é um fim, quando o único fim deve ser o amor de Deus. Mas para Aristóteles, se as paixões estão intimamente associadas ao prazer e ao sofrimento – por conseguinte, ao apetite sensível, o qual é flutuante e por isso desestabiliza o homem –, um exercício moral e socializado de nossas disposições poderá fixá-las com vistas a fins idênticos. A paixão é decerto uma confusão, mas é *antes de tudo* um estado de alma móvel, reversível, sempre suscetível de ser contrariado, invertido; uma representação sensível do outro, uma *reação* à imagem que ele cria de nós, uma espécie de consciência social inata, que reflete nossa identidade tal como esta se exprime na relação incessante com outrem. Reequilíbrio que assegura a constância na variação multiforme que o Outro assume em sociedade, a paixão é resposta, julgamen-

....
14. *Ethique à Nicomaque*, I, 1096 a, trad. franc., p. 24.

to, reflexão sobre o que somos porque o Outro é, pelo exame do que o Outro é para nós. Lugar em que se aventuram a identidade e a diferença, a paixão se presta a negociar uma pela outra; ela é momento retórico por excelência. Resposta ao Outro, a paixão é, por definição, a própria variação, o que no mais profundo do nosso ser exprime o problemático. O homem jamais está só em Aristóteles, mesmo que, em última análise, pareça estar somente em companhia de outros homens livres, cujas paixões mediriam as distâncias e sobretudo as diferenças: não há absolutamente a necessidade de um inconsciente onde esconder o mistério das paixões. Estas estão sempre alteradas porque são a própria alteridade que ameaça nossa identidade, embora também lhe dê consistência. Portanto, as paixões são igualmente as respostas às inferioridades e às superioridades que se aventuram a pôr em risco o Fim comum, o qual tem de subjugar as diferenças e não provocá-las.

Mas, tomadas simplesmente como tais, as paixões cristalizam as relações recíprocas e fixam as imagens da própria natureza do eu no outro.

5. As grandes paixões segundo Aristóteles

Nem meios nem fins, as paixões são as respostas às representações que os outros concebem de nós, são representações em segundo grau. Mais tarde, serão chamadas formas da consciência de si. Aliás, se nos debruçarmos sobre a lista das paixões elaborada por Aristóteles, veremos que nela não se encontra o que os modernos classificariam de paixões, pois entre estas deparamos com a calma e a vergonha. Seria bem estranho que um contemporâneo se declarasse tomado pela paixão da calma!

Quais são essas paixões em Aristóteles? A lista é diferente na *Ética a Nicômaco* e na *Retórica*: há onze paixões na *Ética*, catorze na *Retórica*. E a razão disso é a ênfase diversa. Na *Ética*, há a alegria, o desejo ou o pesar, que são estados de alma da pessoa considerada isoladamente, por assim dizer, ou em

todo o caso tomada em sua temporalidade individual. Na *Retórica*, ao contrário, as paixões passam por resposta a outra pessoa, e mais precisamente à representação que ela faz de nós em seu espírito. As paixões refletem, no fundo, as representações que fazemos dos outros, considerando-se o que eles são para nós, realmente ou no domínio de nossa imaginação. Poder-se-ia então dizer que há aí um jogo de imagens, talvez mesmo de imagens recíprocas, antes que a fonte das reações morais, cujo objetivo seria então o da *Ética*. Assim, somente na *Retórica* encontraremos a indignação ou a vergonha, que são na verdade paixões-respostas à imagem que formamos do outro, sobretudo do que o outro experimenta a nosso respeito. Essas catorze paixões são: cólera, calma, temor, segurança (confiança, audácia), inveja, impudência, amor, ódio, vergonha, emulação, compaixão, favor (obsequiosidade), indignação e desprezo[15*].

O que Aristóteles se dispõe explicitamente a mostrar em sua *Retórica* é que as paixões constituem um teclado no qual o bom orador toca para convencer. Um crime horrível deverá suscitar indignação, ao passo que um delito menor, absolutamente perdoável, deverá ser julgado com compaixão. Para despertar tais sentimentos, é preciso conhecer os que existem antes de tudo no instigador do auditório. Há aí uma verdadeira dialética passional, que se enreda sempre em retórica com um ajuste das diferenças, das contestações, o qual deve chegar, para que haja persuasão, a uma identidade, o ideal político de toda relação com outrem.

....
15 Neste ponto de seu prefácio, M. Meyer introduz um comentário referente à tradução da *Retórica* de Aristóteles por Cassandre (*Rhétorique*, Amsterdam, Covens et Mortier, 1733), tradução que não foi adotada nesta edição. Diz Meyer: "Esta última paixão não dá ensejo a um capítulo à parte completo, na tradução de Aristóteles que se acha neste volume, ao contrário de outras traduções que, às vezes, o isolam."
* Nesta edição, o *desprezo* também não está isolado, mas constitui com a *emulação* um só capítulo, o de número XI. (N. T.)

6. A estrutura retórica das paixões: o orador, o ouvinte e a imaginação

A retórica é antes de tudo um ajuste de distância entre os indivíduos. A argumentação, que visa a convencer, insiste na identidade entre o orador e o auditório, mas a argumentação é apenas uma modalidade retórica entre outras, já que se pode muito bem querer reforçar a diferença ou simplesmente sancioná-la. Assim, no gênero epidítico, encontramos o discurso de louvor e de censura: o discurso para louvar ou condenar exige autoridade, sendo portanto o lugar, talvez mesmo o meio, da superioridade. A distância é então ajustada e confirmada em seu ponto mais elevado. Aristóteles sustenta, aliás, que isso acontece com todas as honrarias: pela ambição, o homem busca a aprovação dos outros, a fim de que reconheçam sua superioridade sobre eles[16].

A lógica de toda retórica é, do ponto de vista do *logos*, a identidade e a diferença onde estão os conceitos que se incluem e se excluem mais ou menos; todavia, do ponto de vista das relações entre pessoas, a lógica retórica é a da distância e da proximidade: a identidade e a diferença entre os homens exprimem-se e medem-se por suas paixões; são índices e, ao mesmo tempo, parâmetros. O prazer que se quer repetir e o sofrimento que se quer afastar são suas manifestações intrapessoais.

A imaginação tem precisamente por função, diz Aristóteles, manter presentes no espírito essas sensações, depois de se terem produzido. As paixões têm uma função intelectual, epistêmica; operam como imagens mentais: informam-me sobre mim e sobre o outro tal como ele age em mim (prazer/sofrimento). "Além disso, dá-se o nome de *paixões* a tudo o que, acompanhado de dor e de prazer, provoca tal mudança no espírito que, nesse estado, observa-se uma notável diferença nos julgamentos proferidos.[17]"

---

16. *Ethique à Nicomaque*, I, 1095 b, trad. franc., p. 23-4.
17. *Rhétorique*, II, 1, 1378 a, trad. franc. Cassandre, p. 175.

7. A cólera

Qual é a lógica da cólera? Sua análise é importante em Platão, como se sabe; ela é, por si só, uma parte da alma, o irascível.

Para Aristóteles, a cólera é o reflexo de uma diferença entre aquele que se entrega a ela e aquele ao qual ela se dirige. Por essa razão, acha-se na dependência dessa lógica da identidade e da diferença, a qual caracteriza a retórica, a relação retórica. A cólera é um brado contra a diferença imposta, "injusta" ou como tal sentida; revela ao interlocutor que a imagem que ele forma do locutor carece de fundamento. Daí o desejo de vingança: a cólera reequilibra a relação proveniente do ultraje, da afronta, do desprezo. A imaginação se exprime no propósito de vingança. *Apresenta* o problema resolvido e, com isso, satisfaz quem se entrega a ela ao mesmo tempo que é por ela determinado. A cólera parece pressupor a possibilidade dessa vingança, presumindo-se então que o ofensor não é ele próprio tão poderoso quanto acredita ser. A cólera é, pois, uma paixão que assenta num erro de julgamento de outrem sobre si mesmo (portanto, sobre nós), julgamento que lhe queremos provar ser errôneo. Aristóteles diz com razão que as pessoas que se julgam superiores – sobretudo os jovens e os ricos – são as que em geral provocam a cólera. O ultraje é, assim, um meio de se afirmar (como superior). A falta de respeito é devida, afinal, à assimetria rompida por um dos parceiros da relação: uma suposta superioridade que ele tenta abolir, donde a cólera por parte do ofendido. A cólera, dizíamos, inscreve-se numa relação de superioridade; entretanto, não nos encolerizaríamos se tivéssemos algo a temer do outro. Mas ela é também a reação daquele que nada tem a perder. A cólera é, pois, de maneira muito geral, um sinal de distanciamento, um aumento da diferença (que se amplificará, se necessário, por belas e apropriadas figuras de retórica), porque reflete a contrariedade. Paixão fundamental, visto que o passional é o lugar da incompatibilidade. Esperanças não realizadas, acidentes imprevistos e rupturas no curso supostamente normal das coisas

suscitam o arrebatamento. Em suma, ficamos irritados com as rupturas de identidade.

8. A calma, a tranquilidade

A calma é uma verdadeira paixão porque reflete, interioriza uma certa imagem que o outro forma de nós, de sorte que, ao mesmo tempo, agimos sobre ele, mantendo (ou encontrando) nossa calma a seu respeito. Daí sua função retórica. Ela recria a simetria. É, consequentemente, o contrário e talvez mesmo o antídoto da cólera. Conduz à virtude da temperança, da reserva. A calma é a aceitação de uma relação e, com isso, constitui a melhor expressão da indiferença. Eis por que, na antiguidade, a tranquilidade do Sábio fez correr muita tinta, exatamente como a cólera, que é a desordem passional por excelência e à qual Sêneca consagrou um tratado inteiro.

A cólera e a calma representaram, por si sós, as paixões como um todo, sua diversidade, sua luta interna, seu excesso e também sua anulação, que provoca a aceitação da ordem das coisas. A calma pode, a rigor, figurar a indiferença, a ausência de toda paixão, o contrário absoluto daquilo que arrebata os homens. Daí seu caráter paradigmático.

9. O amor e o ódio, a segurança e o temor

O amor, ou a amizade, é certamente um vínculo de identidade mais ou menos parcial. É o próprio lugar da conjunção, da associação – ao contrário do ódio, puramente dissociador. Se a cólera e a calma funcionam, antes de tudo, com base na assimetria, na diferença entre os protagonistas, que elas anulam, respeitam ou enfrentam com êxito, o amor é recíproco para Aristóteles. Ele cria a paridade – mas o ódio, também, sem dúvida é recíproco. A distância entre os indivíduos se revela insignificante, o que afinal torna o amor e o ódio tão violentos.

O temor e a confiança, ao contrário, pressupõem uma diferença maior, materializada por uma assimetria na relação.

Tememos os fortes, não os fracos. Quanto à segurança, provém de uma certa superioridade tanto sobre as coisas quanto sobre as pessoas, de um afastamento, suposto ou real, relativamente ao que pode ser prejudicial. É o distanciamento do distanciamento, se se preferir. A confiança é talvez uma forma de amizade mais remota, como o temor, a manifestação de uma dissociação que não é total.

10. A vergonha e a impudência

Eis aí duas formas de relacionamento com outrem, de reação à imagem que o outro faz de nós, formas que, pode-se dizer, são bastante reais. Na vergonha torno-me inferior, na impudência afirmo minha superioridade sem atentar para o outro. No primeiro caso, a interiorização do olhar do outro devolve-me uma imagem inferior de mim mesmo. A impudência, ao contrário, consagra praticamente a não essencialidade do outro, o fato de que a imagem que ele tem de mim carece de importância. A princesa se banha nua diante de seus servidores. Pela impudência, assimilo a imagem que o outro forma de mim como nula, indiferente. É, claramente, uma reação à sua inferioridade. A vergonha, pelo contrário, reforça a importância do olhar do outro, consagra-o e valoriza seu julgamento, que me condena porque sua posição de juiz lho permite. A vergonha e a impudência consagram as distâncias, as assimetrias, respectivamente minha inferioridade e minha superioridade.

11. O favor

A obsequiosidade é uma resposta a outrem, atende à sua pretensão, ao seu caráter passional: é prestar serviço, descobrir a necessidade alheia, entendendo-se que quem responde dessa maneira não o faz por interesse. O amor e a amizade preocupam-se com o bem do outro, mas com base na simetria. O favor, porém, exprime uma relação assimétrica que deseja suprimir.

12. A compaixão e a indignação

A piedade volta-se para aqueles que estão relativamente próximos, mas não em demasia, sendo de temer que sua sorte negativa nos atinja. Entretanto, a piedade concerne antes de tudo àqueles que se julgam de tal maneira acima dos outros que se mostram inconscientes das desventuras, das reviravoltas, em suma, das paixões que podem sobrevir. Tudo o que diz respeito à desventura dos homens, forçosamente não voluntário, excita a piedade.

A piedade reflete também uma certa distância, embora se suponha uma participação, uma identificação. A indignação é sem dúvida o movimento completamente oposto da alma. Quando a piedade e a indignação afirmam: "Isso não deveria ter acontecido", procedem, uma do distanciamento do interessado, a outra, da aproximação. Todavia, o que Aristóteles sublinha expressamente é que a indignação reflete a não aceitação (moral) do espetáculo das paixões, de sua desordem.

13. A inveja, a emulação e o desprezo

A inveja dirige-se para os iguais, assim como a emulação; a inveja quer tirar do outro o que ele tem, a emulação quer imitá-lo. São reações que tendem a prolongar a simetria ou criá-la, visto que uma deseja gerar a diferença, a outra, a identidade. O desprezo, deve-se dizê-lo, tende para a ruptura.

14. Há um princípio estrutural para as paixões citadas?

Será talvez arriscado atribuir uma verdadeira estrutura às catorze paixões que acabamos de examinar. A lista parece arbitrária.

Entretanto, se as observarmos melhor, poderemos ainda assim discernir alguns traços distintos:

1) As paixões são representações e, mesmo, representações de representações.
2) Visam a definir a identidade do sujeito relativamente a outrem.
3) A referência ao outro varia se ele é visto como superior, igual ou inferior em seus atos. Pensa-se então na *Poética*, em que a inferioridade determina a diferença de gêneros: a comédia faz rir, a tragédia suscita piedade e temor para com o herói enredado em seu destino[18].
4) Mas há também a imagem que outra pessoa forma de si mesma em relação a nós: portanto, aquela que tem de nós e não somente a que concerne ao que ela é. Essa pessoa pode sentir-se superior e mais forte, sem de fato sê-lo, e manifestar tal sentimento pelo *desprezo* – *daí*, nossa cólera.

As paixões são ao mesmo tempo modos de ser (que remetem ao *ethos* e determinam um caráter) e respostas a modos de ser (o ajustamento ao outro). Daí a impressão de que as paixões nada têm de interativo, sendo somente estados *afetivos* próprios da pessoa como tal. A confusão, porém, permanece.

Assim, o contrário do desprezo é a cólera, embora Aristóteles lhe oponha a emulação nas derradeiras linhas que consagra às paixões, na *Retórica*. De fato, a emulação valoriza o que o outro tem, o desprezo o desvaloriza. O contrário da emulação, contudo, deveria ser a calma indiferente, que se opõe de preferência à cólera. E assim sucessivamente: o ciclo das paixões parece transformar-se num redemoinho infernal em que os pontos de referência acabam por desaparecer.

Mas a lista talvez seja menos arbitrária do que parece à primeira vista.

A calma, por exemplo, não é a indiferença às paixões, mas antes uma *resposta* à maneira como nos tratam. A indiferença seria a ausência pura e simples de resposta, a neutralidade passional absoluta, o indivíduo coincidindo com o universal, ou melhor, com a ideia de natureza humana segundo Kant – o que

....
18. "A comédia procura representar os homens inferiores, a tragédia procura representá-los superiores aos homens reais" (*Poétique*, 1448 a, trad. franc. Hardy, Paris, Les Belles-Lettres, 1932).

é uma indiferença nada realista, considerando-se o homem concretamente.

Examinemos então as posições relativas de dois indivíduos A e B, e vejamos as determinações passionais que vão uni-los até mesmo por oposição.

De início, uma observação subjacente a toda a análise de Aristóteles: com respeito a B, A está em posição superior, igual ou inferior.

Se A pretender ser superior, agirá com *desprezo*. Nessa superioridade ostensiva, existe a necessidade de aumentar a distância. Mas o desprezo não passa disso, afirma Aristóteles. Pressupõe que o outro não merece as boas coisas que tem porque, realmente, é inferior a seu próprio destino, por assim dizer. Seria possível a B subir de posição? A essa pergunta B poderia replicar com *cólera*, julgando que, pelo contrário, é A que se considera superior ao que é. No fundo, porém, reagirá assim somente se nada *temer* de A, se A *não* for o que pensa ser, e se nada arriscar. Isso provará que A não é tão superior a B a ponto de ameaçá-lo. Havendo temor, não haverá cólera. Nos dois casos, B quer manter-se a distância, mas no caso do temor, essa distância é bem real. Também é possível que A não se importe com B, donde a *impudência* que consagrará sua indiferença.

Ora, grande é a possibilidade de A se considerar superior ao que é, embora seja igual a B, sem que necessariamente A despreze B. O que acontecer a B merecerá *piedade*, mas se for um bem imerecido, a única reação possível será a *indignação*. Esta, no entanto, parece estar reservada tão somente aos deuses, diz Aristóteles. Para poder julgar, cumpre estar por cima. A inveja é mais própria de um igual. Na indignação há inversão da relação AB, porquanto, julgando-se superior, A tem de si apenas uma imagem falsa, que B corrige com sua resposta provando, ao mesmo tempo, que A não é tão superior quanto pensa. Há nessa reação de B um distanciamento de A. Em termos mais profundos, a indignação é, segundo Aristóteles, um equívoco na relação entre indivíduos que faz o inferior crer-se igual em pretensões ao superior. A superestima-se naquilo que

pensa ter o direito de esperar. A indignação diz respeito ao mérito que cabe à superioridade e a confirma.

Mas a piedade aproxima os seres; portanto, no jogo das paixões, não existe somente a lógica da aproximação, graças à qual os seres podem identificar-se uns com os outros, ainda que parcialmente.

Há sem dúvida uma lógica da inferioridade baseada no *temor* ou na *vergonha*, assim como há a *confiança* e a *impudência*, que consagram a posição de superioridade. Há também uma lógica passional que exprime a vontade de afastar-se, de repelir os que se julgam superiores e os que sabem que não o são: então, suas marcas são o ódio e a cólera. Mas a vontade de aproximar-se, como o *amor* e a *amizade*, o *favor* e a *compaixão*, permeiam as relações de superioridade e inferioridade. A *inveja* e a *emulação* expõem-se a um jogo entre iguais, porém a *piedade* não o faz necessariamente. Se o *amor* cria a proximidade, também a *piedade* a cria. Temos, pois, uma lógica acrescentada às oposições possíveis entre os indivíduos. O *amor* e o *favor* visam a instaurar uma identidade, a preencher os vazios que separam os seres. A inveja, embora una os iguais, tem pouca probabilidade de suscitar a comunhão. Os iguais já estão próximos e a inveja assinala de preferência a diferença. Na *vergonha*, assimilamos a diferença, na *impudência*, anulamos o olhar do outro, que pouco importa, enquanto na vergonha importa muito.

Em suma, reage-se a outra pessoa e interioriza-se a relação com ela tanto quanto a reação a essa reação: daí o *temor* ou, ao contrário, a *confiança*, representando então a calma o estado de equilíbrio.

Portanto, paralelamente à tomada de consciência de si na relação com o outro, dá-se a verificação de uma diferença ou de uma identidade, à qual se acrescentará a vontade de manter, aumentar ou diminuir as diferenças, de fazer saber ao outro, enfim, o que é necessário para definir uma base comum de convivência.

Identidade e diferença, supostas ou reais, eis o que na verdade parece governar a estrutura aristotélica das paixões. Estas, afinal, revelam simetrias impossíveis, resultam do fato de os

homens serem diferentes até quando buscam uma identidade, que somente poderia ser política. A paixão é, assim, a primeira forma de autorrepresentação projetada sobre outra pessoa e que reage a ela. É ao mesmo tempo a coisa e o espetáculo da coisa, pois com muita frequência nos esquecemos de que a vida da paixão consiste em sua representação e expressão. As ações humanas, portanto correlativamente as paixões, são por natureza aquilo que suscita visão, compaixão e temor, como o repetirá Aristóteles na *Poética*, onde estuda o discurso que reproduz (*mimesis*) a paixão.

15. Conclusão

Eis-nos, pois, no fim de nossa genealogia do passional. Não há teoria da alma, da contingência humana, da liberdade e da ação que não estabeleça um vínculo, estreito ou frouxo, com certa visão das paixões. E a razão disso é simples: a paixão escapa à norma proposicional de caráter apodítico. Ela exprime nosso devir, o jogo dos contrários que pode transformar todo sucesso em malogro, e vice-versa. Lugar da simetria, da reversibilidade, a paixão é o outro em nós, o humano em sua diferença, portanto sua individualidade. Luta-se contra a paixão como se luta contra o outro, joga-se com ela como se ludibria o próximo.

Mas o *logos*, tal como tratado por Platão e Aristóteles, acomoda-se realmente à contingência? Não a assimila sempre, anulando-a, como em Platão, ou tornando-a proposicional na unidade necessária e intangível do sujeito, como em Aristóteles? A paixão, expressão de nossa temporalidade e da diferença como distância entre o que se realiza para nós e o que é fundamental em si, vai se internalizar na ordem proposicional. Necessária como essa ordem ou contingente como nós, a paixão parece, ao mesmo tempo, incontornável e perfeitamente redutível; assim, sua natureza é forçosamente contraditória, uma ambiguidade que se enraíza naquela que, mais fundamental, está na origem da própria ordem proposicional. Nesse caso, que é a contingência senão uma unidade em expectativa, uma aparência de insolúvel que poderá finalmente ter solu-

ção? As paixões participam, pois, da ilusão própria a toda contingência. Restituídas a seu substrato ontológico, as paixões poderão dar nascença à virtude, que desenvolve no homem sua verdadeira natureza. Velho conflito da razão e da paixão, em que a paixão é realmente incontornável, mas que o filósofo sempre pensou poder contornar. Todavia, se há paixão é porque o homem não pode deixar de agir; a paixão é, consequentemente, a realização da *praxis* que avançará num sentido ou no outro, sinal do bem e do mal, portanto sempre perigosa para o homem sensato. No entanto, a paixão é também liberdade – e sabe-se que o livre-arbítrio, muito antes do primado da teologia, foi considerado a fonte do pecado mais grave possível.

Seja. Deixemos isso aos pensadores da Idade Média e aos moralistas. Aqui, importa-nos sublinhar até que ponto a ambiguidade na teoria das paixões depende da imagem que se forma do *logos*, desde Platão e Aristóteles. Premida por seu ideal de necessidade, a razão contemplativa, voltada para as certezas absolutas que o saber oferece, terá a primazia. Aliás, o problema não está nela e sim na origem, nos fundamentos. Se as paixões suscitam embaraços insolúveis ao pensamento proposicional, é porque este opera na base da necessidade, enquanto as paixões aí figuram, ao mesmo tempo, como o oposto dessa norma exclusiva: de outra forma, torna-se totalmente absurdo. A paixão é, talvez mais que a loucura, o arauto de *uma* racionalidade impossível. Quando o *logos* deixa de ser concebido nos termos do proposicionalismo que nos é ensinado desde Platão, a paixão como resposta problematológica adquire uma positividade igual à de outras respostas; ela passa a ser, então, o que nos interpela, voz do outro e da resposta que ela solicita, concomitantemente problema e solução. A paixão é o discurso do eu que se reflete em relações irrefletidas. Compreende-se que ela participe da consciência e do inconsciente, da ação e do pensamento, do sentimento e também da razão, de uma outra visão da razão. Talvez a consciência se prenda ao *pathos*, ao passional, porque ela não é apenas essa reflexividade da certeza apodítica: é também a temporalidade de nossos sentimentos, os quais, verdadeiramente, poderiam arremessar-nos para além da separação da consciência e do inconsciente, para um domínio mais próximo de sua origem.

RETÓRICA DAS PAIXÕES

1

Ἐκ τίνων μὲν οὖν δεῖ καὶ προτρέπειν καὶ ἀποτρέπειν καὶ ἐπαινεῖν καὶ ψέγειν καὶ κατηγορεῖν καὶ ἀπολογεῖσθαι, καὶ ποῖαι δόξαι καὶ προτάσεις χρήσιμοι πρὸς τὰς τούτων πίστεις, ταῦτ' ἐστίν· περὶ γὰρ τούτων καὶ ἐκ τούτων τὰ ἐνθυμήματα, ὡς περὶ ἕκαστον εἰπεῖν ἰδίᾳ τὸ γένος τῶν λόγων.

Ἐπεὶ δὲ ἕνεκα κρίσεώς ἐστιν ἡ ῥητορική (καὶ γὰρ τὰς συμβουλὰς κρίνουσι καὶ ἡ δίκη κρίσις ἐστίν), ἀνάγκη μὴ μόνον πρὸς τὸν λόγον ὁρᾶν, ὅπως ἀποδεικτικὸς ἔσται καὶ πιστός, ἀλλὰ καὶ αὐτὸν ποιόν τινα καὶ τὸν κριτὴν κατασκευάζειν· πολὺ γὰρ διαφέρει πρὸς πίστιν, μάλιστα μὲν ἐν ταῖς συμβουλαῖς, εἶτα καὶ ἐν ταῖς δίκαις τὸ ποιόν τινα φαίνεσθαι τὸν λέγοντα καὶ τὸ πρὸς αὐτοὺς ὑπολαμβάνειν πως διακεῖσθαι αὐτόν, πρὸς δὲ τούτοις ἐὰν καὶ αὐτοὶ διακείμενοί πως τυγχάνωσιν. Τὸ μὲν οὖν ποιόν τινα φαίνεσθαι τὸν λέγοντα χρησιμώτερον εἰς τὰς συμβουλάς ἐστιν, τὸ δὲ διακεῖσθαί πως τὸν ἀκροατὴν εἰς τὰς δίκας· οὐ γὰρ ταὐτὰ φαίνεται φιλοῦσι καὶ μισοῦσιν, οὐδ' ὀργιζομένοις καὶ πράως ἔχουσιν, ἀλλ' ἢ τὸ παράπαν ἕτερα ἢ κατὰ μέγεθος ἕτερα· τῷ μὲν γὰρ φιλοῦντι, περὶ οὗ ποιεῖται τὴν κρίσιν, ἢ οὐκ ἀδικεῖν ἢ μικρὰ δοκεῖ ἀδικεῖν, τῷ δὲ μισοῦντι τοὐναντίον· καὶ τῷ μὲν ἐπιθυμοῦντι καὶ εὐέλπιδι ὄντι, ἐὰν ᾖ τὸ ἐσόμενον ἡδύ, καὶ ἔσεσθαι καὶ ἀγαθὸν ἔσεσθαι φαίνεται, τῷ δ' ἀπαθεῖ καὶ δυσχεραίνοντι τοὐναντίον.

1
[Do caráter do orador e das paixões do ouvinte]

Com que argumentos se deve, pois, persuadir e dissuadir, louvar e censurar, acusar e defender-se, e que opiniões e premissas são úteis para as respectivas provas, é o que foi exposto, porque em torno desses argumentos e a partir deles se formam os entimemas, que se referem particularmente, por assim dizer, a cada gênero dos discursos.

Mas, visto que a retórica tem como fim um julgamento (com efeito, julgam-se os conselhos, e o veredicto é um julgamento), é necessário não só atentar para o discurso, a fim de que ele seja demonstrativo e digno de fé, mas também pôr-se a si próprio e ao juiz em certas disposições; de fato, importa muito para a persuasão, sobretudo nas deliberações, e depois nos processos, que o orador se mostre sob certa aparência e faça supor que se acha em determinadas disposições a respeito dos ouvintes e, além disso, que estes se encontrem em semelhantes disposições a seu respeito. A aparência sob a qual se mostra o orador é, pois, mais útil para as deliberações, enquanto a maneira como se dispõe o ouvinte importa mais aos processos; com efeito, para as pessoas que amam, as coisas não parecem ser as mesmas que para aquelas que odeiam, nem, para os dominados pela cólera, as mesmas que para os tranquilos; mas elas são ou totalmente diferentes ou de importância diferente; aquele que ama tem por certo que a pessoa sob julgamento ou não pratica ato injusto ou comete delitos de pouca importância, e aquele que odeia tem por certo o contrário, e, para o que tem aspirações e esperança, se o que vai acontecer é agradável, parece-lhe que isso acontecerá e será bom, mas para o indiferente e para o descontente parece o contrário.◆

Τοῦ μὲν οὖν αὐτοὺς εἶναι πιστοὺς τοὺς λέγοντας τρία ἐστὶ τὰ αἴτια· τοσαῦτα γάρ ἐστι δι' ἃ πιστεύομεν ἔξω τῶν ἀποδείξεων. Ἔστι δὲ ταῦτα φρόνησις καὶ ἀρετὴ καὶ εὔνοια· διαψεύδονται γὰρ περὶ ὧν λέγουσιν ἢ συμβουλεύουσιν ἢ δι' ἅπαντα ταῦτα ἢ διὰ τούτων τι· ἢ γὰρ δι' ἀφροσύνην οὐκ ὀρθῶς 10 δοξάζουσιν, ἢ δοξάζοντες ὀρθῶς διὰ μοχθηρίαν οὐ τὰ δοκοῦντα λέγουσιν, ἢ φρόνιμοι μὲν καὶ ἐπιεικεῖς εἰσιν ἀλλ' οὐκ εὖνοι, διόπερ ἐνδέχεται μὴ τὰ βέλτιστα συμβουλεύειν γιγνώσκοντας. Καὶ παρὰ ταῦτα οὐδέν. Ἀνάγκη ἄρα τὸν ἅπαντα δοκοῦντα ταῦτ' ἔχειν εἶναι τοῖς ἀκροωμένοις πιστόν. Ὅθεν μὲν οὖν 15 φρόνιμοι καὶ σπουδαῖοι φανεῖεν ἄν, ἐκ τῶν περὶ τὰς ἀρετὰς διῃρημένων ληπτέον· ἐκ γὰρ τῶν αὐτῶν κἂν ἕτερόν τις κἂν ἑαυτὸν κατασκευάσειε τοιοῦτον· περὶ δ' εὐνοίας καὶ φιλίας ἐν τοῖς περὶ τὰ πάθη λεκτέον.

Ἔστι δὲ τὰ πάθη δι' ὅσα μεταβάλλοντες διαφέρουσι πρὸς τὰς κρίσεις, οἷς ἕπεται λύπη καὶ 20 ἡδονή, οἷον ὀργὴ ἔλεος φόβος καὶ ὅσα ἄλλα τοιαῦτα, καὶ τὰ τούτοις ἐναντία. Δεῖ δὲ διαιρεῖν περὶ ἕκαστον εἰς τρία, λέγω δ' οἷον περὶ ὀργῆς, πῶς τε διακείμενοι ὀργίλοι εἰσί, καὶ τίσιν εἰώθασιν ὀργίζεσθαι, καὶ ἐπὶ ποίοις· εἰ γὰρ τὸ μὲν ἓν ἢ τὰ δύο ἔχοιμεν τούτων, ἅπαντα δὲ μή, ἀδύνατον ἂν εἴη τὴν 25 ὀργὴν ἐμποιεῖν· ὁμοίως δὲ καὶ ἐπὶ τῶν ἄλλων. Ὥσπερ οὖν καὶ ἐπὶ τῶν προειρημένων διεγράψαμεν τὰς προτάσεις, οὕτω καὶ περὶ τούτων ποιήσωμεν καὶ διέλωμεν τὸν εἰρημένον τρόπον.

Três são, portanto, as causas de que os oradores sejam por si dignos de crédito, pois são de igual número as que dão origem à nossa confiança, com exceção das demonstrações. São as seguintes: a prudência, a virtude e a benevolência, porquanto os oradores induzem em erro nos assuntos sobre os quais falam ou aconselham, seja por todas essas razões, seja por alguma delas: ou, por falta de prudência, não têm opinião correta; ou, embora a tenham, por perversidade não a exprimem, ou são prudentes e equitativos, mas não benevolentes, motivo pelo qual é possível que não aconselhem o melhor, embora o conheçam, e nenhuma outra causa há além dessas três. Necessariamente, então o orador que parece possuir todas essas qualidades tem a confiança dos ouvintes. A razão pela qual poderiam, pois, parecer prudentes e honestos deve ser tirada das distinções relativas às virtudes, já que pelos mesmos meios alguém poderia apresentar a outrem, e também a si mesmo, como pessoa dessa qualidade; acerca da benevolência e da amizade, falaremos ao tratar das questões relativas às paixões.

As paixões são todos aqueles sentimentos que, causando mudança nas pessoas, fazem variar seus julgamentos, e são seguidos de tristeza e prazer, como a cólera, a piedade, o temor e todas as outras paixões análogas, assim como seus contrários. Devem-se distinguir, relativamente a cada uma, três pontos de vista, quero dizer, a respeito da cólera, por exemplo, em que disposições estão as pessoas em cólera, contra quem habitualmente se encolerizam, e por quais motivos. De fato, se conhecêssemos apenas um ou dois desses pontos de vista, mas não todos, seria impossível inspirar a cólera; o mesmo acontece com as outras paixões. Assim, pois, como demos a relação das premissas relativas às matérias, façamos o mesmo no caso das paixões, distinguindo-as segundo a maneira referida. ◆

2

Ἔστω δὴ ὀργὴ ὄρεξις μετὰ λύπης τιμωρίας φαινομένης 30
διὰ φαινομένην ὀλιγωρίαν τῶν εἰς αὐτὸν ἢ τῶν αὐτοῦ,
τοῦ ὀλιγωρεῖν μὴ προσήκοντος. Εἰ δὴ τοῦτ' ἐστὶν ἡ ὀργή,
ἀνάγκη τὸν ὀργιζόμενον ὀργίζεσθαι ἀεὶ τῶν καθ' ἕκαστόν τινι,
οἷον Κλέωνι ἀλλ' οὐκ ἀνθρώπῳ, καὶ ὅτι αὐτὸν ἢ τῶν αὐτοῦ τι
πεποίηκεν ἢ ἤμελλεν, καὶ πάσῃ ὀργῇ ἕπεσθαί τινα ἡδονὴν 1378 b
τὴν ἀπὸ τῆς ἐλπίδος τοῦ τιμωρήσασθαι· ἡδὺ μὲν γὰρ τὸ οἴεσθαι
τεύξεσθαι ὧν ἐφίεται, οὐδεὶς δὲ τῶν φαινομένων ἀδυνάτων
ἐφίεται αὑτῷ, ὁ δὲ ὀργιζόμενος ἐφίεται δυνατῶν αὑτῷ. Διὸ
καλῶς εἴρηται περὶ θυμοῦ· 5

ὅς τε πολὺ γλυκίων μέλιτος καταλειβομένοιο
ἀνδρῶν ἐν στήθεσσιν ἀέξεται·

ἀκολουθεῖ γὰρ καὶ ἡδονή τις διά τε τοῦτο καὶ διότι διατρί-
βουσιν ἐν τῷ τιμωρεῖσθαι τῇ διανοίᾳ· ἡ οὖν τότε γινομένη
φαντασία ἡδονὴν ἐμποιεῖ, ὥσπερ ἡ τῶν ἐνυπνίων. 10

Ἐπεὶ δὲ
ἡ ὀλιγωρία ἐστὶν ἐνέργεια δόξης περὶ τὸ μηδενὸς ἄξιον φαι-
νόμενον· καὶ γὰρ τὰ κακὰ καὶ τἀγαθὰ ἄξια οἰόμεθα σπουδῆς
εἶναι, καὶ τὰ συντείνοντα πρὸς αὐτά· ὅσα δὲ μηδέν τι ἢ μικρόν,
οὐδενὸς ἄξια ὑπολαμβάνομεν· τρία δ' ἐστὶν εἴδη ὀλιγωρίας,
καταφρόνησίς τε καὶ ἐπηρεασμὸς καὶ ὕβρις· ὅ τε γὰρ κατα- 15
φρονῶν ὀλιγωρεῖ (ὅσα γὰρ οἴονται μηδενὸς ἄξια, τούτων

2
[Da cólera]

Seja, então, a cólera o desejo, acompanhado de tristeza, de vingar-se ostensivamente de um manifesto desprezo por algo que diz respeito a determinada pessoa ou a algum dos seus, quando esse desprezo não é merecido. Se isso é a cólera, forçosamente o colérico se irrita sempre contra um indivíduo em particular, por exemplo Cleão, mas não contra o homem em geral, e isso porque ele fez ou ia fazer algo contra si ou contra um dos seus, e porque a toda cólera se segue certo prazer, proveniente da esperança de vingar-se; é agradável, com efeito, pensar que se obterá o que se deseja; ora, ninguém deseja para si o que lhe parece impossível; assim então o encolerizado deseja o que lhe é possível. Por isso, com razão, se disse acerca da ira (*Il.* XVIII, 109):

> A qual, muito mais doce do que o mel que cai gota a gota, cresce nos peitos dos homens.

pois certo prazer a acompanha, por isso e também porque as pessoas passam o tempo vingando-se em pensamento; a imagem que então surge causa prazer como a dos sonhos.

Como o desprezo é a atualização de uma opinião acerca do que não parece digno de consideração (com efeito, os males e os bens, cremos, merecem atenção, e também as coisas que tendem para eles, enquanto, todas as que são de valor nulo ou insignificante, consideramo-las indignas de atenção), três são as espécies de desprezo: o desdém, a difamação e o ultraje. De fato, aquele que desdenha despreza, pois desdenhamos tudo o que julgamos ser desprovido de valor; ◆

καταφρονοῦσιν, τῶν δὲ μηδενὸς ἀξίων ὀλιγωροῦσιν) καὶ ὁ ἐπηρεάζων φαίνεται καταφρονεῖν· ἔστιν γὰρ ὁ ἐπηρεασμὸς ἐμποδισμὸς ταῖς βουλήσεσιν μὴ ἵνα τι αὐτῷ ἀλλ' ἵνα μὴ ἐκείνῳ. Ἐπεὶ οὖν οὐχ ἵνα αὐτῷ τι, ὀλιγωρεῖ· δῆλον γὰρ ὅτι οὔτε 20 βλάψειν ὑπολαμβάνει, ἐφοβεῖτο γὰρ ἂν καὶ οὐκ ὠλιγώρει, οὔτ' ὠφελῆσαι ἂν οὐδὲν ἄξιον λόγου, ἐφρόντιζε γὰρ ἂν ὥστε φίλος εἶναι. Καὶ ὁ ὑβρίζων δὲ ὀλιγωρεῖ· ἔστι γὰρ ὕβρις τὸ πράττειν καὶ λέγειν ἐφ' οἷς αἰσχύνη ἐστὶν τῷ πάσχοντι, μὴ ἵνα τι γίγνηται αὐτῷ ἄλλο ἢ ὅτι ἐγένετο, ἀλλ' ὅπως ἡσθῇ· οἱ 25 γὰρ ἀντιποιοῦντες οὐχ ὑβρίζουσιν ἀλλὰ τιμωροῦνται. Αἴτιον δὲ τῆς ἡδονῆς τοῖς ὑβρίζουσιν, ὅτι οἴονται κακῶς δρῶντες αὐτοὺς ὑπερέχειν μᾶλλον. Διὸ οἱ νέοι καὶ οἱ πλούσιοι ὑβρισταί· ὑπερέχειν γὰρ οἴονται ὑβρίζοντες. Ὕβρεως δὲ ἀτιμία, ὁ δ' ἀτιμάζων ὀλιγωρεῖ· τὸ γὰρ μηδενὸς ἄξιον οὐδεμίαν ἔχει τιμήν, 30 οὔτε ἀγαθοῦ οὔτε κακοῦ. Διὸ λέγει ὀργιζόμενος ὁ Ἀχιλλεύς

καὶ
    ἠτίμησεν· ἑλὼν γὰρ ἔχει γέρας αὐτὸς
    ὡς εἴ τιν' ἀτίμητον μετανάστην,

ὡς διὰ ταῦτα ὀργιζόμενος. Προσήκειν δὲ οἴονται πολυωρεῖ- 35
σθαι ὑπὸ τῶν ἡττόνων κατὰ γένος, κατὰ δύναμιν, κατ' ἀρετήν,
καὶ ὅλως ἐν ᾧ ἂν ταῦτα ὑπερέχῃ πολύ, οἷον ἐν χρήμασιν ὁ 1379a
πλούσιος πένητος καὶ ἐν τῷ λέγειν ῥητορικὸς ἀδυνάτου εἰπεῖν
καὶ ἄρχων ἀρχομένου καὶ ἄρχειν ἄξιος οἰόμενος τοῦ ἄρχε-
σθαι ἀξίου. Διὸ εἴρηται

καὶ
    θυμὸς δὲ μέγας ἐστὶ διοτρεφέων βασιλήων 5
    ἀλλά τε καὶ μετόπισθεν ἔχει κότον·

ora, desprezamos o que não tem valor algum. Aquele que difama parece desdenhar; a difamação, com efeito, é um obstáculo aos atos de vontade de outrem, não com o fim de que uma coisa seja proveitosa para si mesmo, mas de que não o seja para um outro. Como, então, não agimos para que algo seja proveitoso para nós mesmos, desprezamos, pois evidentemente o difamador não supõe que o outro vá prejudicá-lo (neste caso, ele o temeria e não o desprezaria), nem que lhe possa ser útil em algo apreciável, pois cuidaria, então, de ser seu amigo. E também aquele que ultraja despreza; com efeito, o ultraje consiste em fazer ou dizer coisas que causam vergonha à vítima, não para obter uma outra vantagem para si mesmo, afora a realização do ato, mas a fim de sentir prazer, pois quem paga na mesma moeda não comete ultraje e sim vingança. A causa do prazer para os que ultrajam é pensarem que, ao fazer o mal, aumenta sua superioridade sobre os ultrajados. Por essa razão os jovens e os ricos são insolentes; acham que, cometendo ultrajes, mostram superioridade. É próprio do ultraje o desrespeito, e o desrespeitador despreza; aquilo que não tem nenhum valor como bem, nem como mal, não é respeitado por ninguém. É por isso que Aquiles, encolerizado, diz (*Il*. I, 356):

Desrespeitou-me, pois me tirou e retém meu prêmio

e (*Il*. IX, 648):

Como se eu fosse um desterrado indigno de respeito,

como se isso é que o encolerizasse. Crê-se que é conveniente ser respeitado pelos inferiores em nascimento, em poder, em virtude e, em geral, naquele domínio em que se sobressai muito; por exemplo, em bens, o rico é superior ao pobre; na oratória, o eloquente ao incapaz de falar; o comandante, ao comandado, e o que se acha digno de comandar, ao que merece ser comandado. Por isso se disse (*Il*. II, 196):

Grande é a exaltação dos reis, filhos de Zeus
Mas também depois ele guarda seu rancor, ◆

ἀγανακτοῦσι γὰρ διὰ τὴν ὑπεροχήν. Ἔτι ὑφ' ὧν τις οἴεται
εὖ πάσχειν δεῖν· οὗτοι δ' εἰσὶν οὓς εὖ πεποίηκεν ἢ ποιεῖ,
αὐτὸς ἢ δι' αὐτόν τις ἢ τῶν αὐτοῦ τις, ἢ βούλεται ἢ ἐβουλήθη. 10
Φανερὸν οὖν ἐκ τούτων ἤδη πῶς τε ἔχοντες ὀργίζονται
αὐτοὶ καὶ τίσιν καὶ διὰ ποῖα. Αὐτοὶ μὲν γάρ, ὅταν λυπῶνται·
ἐφίεται γάρ τινος ὁ λυπούμενος· ἐάν τε οὖν κατ' εὐθυωρίαν
ὁτιοῦν ἀντικρούσῃ τις, οἷον τῷ διψῶντι πρὸς τὸ πιεῖν, ἐάν τε
μή, ὁμοίως ταὐτὸ φαίνεται ποιεῖν· καὶ ἐάν τε ἀντιπράττῃ 15
τις ἐάν τε μὴ συμπράττῃ ἐάν τε ἄλλο τι ἐνοχλῇ οὕτως
ἔχοντα, πᾶσιν ὀργίζεται. Διὸ κάμνοντες, πενόμενοι, ⟨πολε-
μοῦντες⟩, ἐρῶντες, διψῶντες, ὅλως ἐπιθυμοῦντές τι καὶ μὴ
κατορθοῦντες ὀργίλοι εἰσὶ καὶ εὐπαρόρμητοι, μάλιστα μὲν πρὸς
τοὺς τοῦ παρόντος ὀλιγωροῦντας, οἷον κάμνων μὲν τοῖς πρὸς 20
τὴν νόσον, πενόμενος δὲ τοῖς πρὸς τὴν πενίαν, πολεμῶν δὲ
τοῖς πρὸς τὸν πόλεμον, ἐρῶν δὲ τοῖς πρὸς τὸν ἔρωτα, ὁμοίως
δὲ καὶ τοῖς ἄλλοις, ⟨εἰ δὲ μή, κἂν ὁτιοῦν ἄλλο ὀλιγωρῇ τις⟩·
προωδοποίηται γὰρ ἕκαστος πρὸς τὴν ἑκάστου ὀργὴν ὑπὸ τοῦ
ὑπάρχοντος πάθους· ἔτι δ' ἐὰν τἀναντία τύχῃ προσδεχόμενος· 25
λυπεῖ γὰρ μᾶλλον τὸ πολὺ παρὰ δόξαν, ὥσπερ καὶ τέρπει τὸ
πολὺ παρὰ δόξαν, ἐὰν γένηται ὃ βούλεται. Διὸ καὶ ὧραι καὶ
χρόνοι καὶ διαθέσεις καὶ ἡλικίαι ἐκ τούτων φανεραί, ποῖαι
εὐκίνητοι πρὸς ὀργὴν καὶ ποῦ καὶ πότε, καὶ ὅτε μᾶλλον ἐν
τούτοις εἰσί, μᾶλλον καὶ εὐκίνητοι. 30

Αὐτοὶ μὲν οὖν οὕτως ἔχοντες εὐκίνητοι πρὸς ὀργήν, ὀργίζονται δὲ τοῖς τε καταγελῶσι καὶ χλευάζουσιν καὶ σκώ-
πτουσιν· ὑβρίζουσι γάρ. Καὶ τοῖς τὰ τοιαῦτα βλάπτουσιν ὅσα
ὕβρεως σημεῖα. Ἀνάγκη δὲ τοιαῦτα εἶναι ἃ μήτε ἀντί τινος
μήτ' ὠφέλιμα τοῖς ποιοῦσιν. Ἤδη γὰρ δοκεῖ δι' ὕβριν. Καὶ 35

visto que também os reis se irritam por causa do sentimento de sua superioridade. Crê-se ainda que convém ter o respeito daqueles de quem se pensa merecer bom tratamento; são aqueles a quem fizemos ou fazemos bem, ou nós ou alguém por nós, ou um dos nossos, ou ainda aqueles a quem queremos ou quisemos beneficiar.

É evidente, portanto, pelo exposto, em que disposições as pessoas se encolerizam, contra quem o fazem e por quais razões. Encolerizam-se quando experimentam um desgosto, pois que o desgostoso sente desejo de algo; se, então, alguém se opõe a qualquer desejo, diretamente, como por exemplo quando obsta a que beba aquele que tem sede, ou indiretamente, parece que o efeito é o mesmo em ambos os casos, e, se alguém pratica atos adversos, ou não coopera, ou, de alguma outra maneira, perturba quem está numa tal disposição, este se enche de cólera contra todos aqueles. Eis por que os doentes, os indigentes [os combatentes], os apaixonados, os sedentos, geralmente desejando algo e não conseguindo, encolerizam-se e facilmente se exaltam sobretudo com aqueles que pouca consideração mostram para com seu estado presente; por exemplo, o doente irrita-se com aqueles que desprezam sua doença; o indigente, com os que desprezam sua pobreza; os combatentes, com os que desprezam a guerra; o apaixonado, com os que desprezam seu amor, e assim por diante (e, afora esses casos, com quem se revele indiferente a qualquer de nossos desejos); com efeito, cada um é levado pela paixão presente a um gênero particular de cólera; e sentimos ainda cólera, quando acontece o contrário do que esperávamos, porquanto causa maior pesar o que é de todo inesperado, assim como provoca deleite o que é de todo imprevisto, quando se realiza o que desejamos. Por tudo isso fica claro quais os momentos, as circunstâncias, as disposições e as idades que facilmente nos levam à cólera, e em que lugares e em quais momentos; e quanto mais nos encontramos sob o domínio dessas condições, mais propensos estamos à cólera.

Os que estão, portanto, nessa situação, facilmente são levados à cólera e se enraivecem com os que escarnecem, zombam e troçam, porque ultrajam. E também com aqueles que

τοῖς κακῶς λέγουσι καὶ καταφρονοῦσι περὶ ὧν αὐτοὶ μάλιστα σπουδάζουσιν, οἷον οἱ ἐπὶ φιλοσοφίᾳ φιλοτιμούμενοι ἐάν τις εἰς τὴν φιλοσοφίαν, οἱ δ' ἐπὶ τῇ ἰδέᾳ ἐάν τις εἰς τὴν ἰδέαν, ὁμοίως δὲ καὶ ἐπὶ τῶν ἄλλων. Ταῦτα δὲ πολλῷ μᾶλλον, ἐὰν ὑποπτεύσωσι μὴ ὑπάρχειν αὐτοῖς, ἢ ὅλως ἢ μὴ ἰσχυρῶς, ἢ 40 μὴ δοκεῖν· ἐπειδὰν γὰρ σφόδρα οἴωνται ὑπερέχειν ἐν τού- 1379 b τοις, ἐν οἷς σκώπτονται, οὐ φροντίζουσιν. Καὶ τοῖς φίλοις μᾶλλον ἢ τοῖς μὴ φίλοις· οἴονται γὰρ προσήκειν μᾶλλον πάσχειν εὖ ὑπ' αὐτῶν ἢ μή. Καὶ τοῖς εἰθισμένοις τιμᾶν ἢ φροντίζειν, ἐὰν πάλιν μὴ οὕτως ὁμιλῶσιν· καὶ γὰρ ὑπὸ 5 τούτων οἴονται καταφρονεῖσθαι· ταὐτὰ γὰρ ἂν ποιεῖν. Καὶ τοῖς μὴ ἀντιποιοῦσιν εὖ μηδὲ τὴν ἴσην ἀνταποδιδοῦσιν. Καὶ τοῖς τἀναντία ποιοῦσιν αὐτοῖς, ἐὰν ἥττους ὦσιν· καταφρονεῖν γὰρ πάντες οἱ τοιοῦτοι φαίνονται, καὶ οἱ μὲν ὡς ἡττόνων οἱ δ' ὡς παρὰ ἡττόνων. Καὶ τοῖς ἐν μηδενὶ λόγῳ οὖσιν, ἄν τι 10 ὀλιγωρῶσι, μᾶλλον· ὑπόκειται γὰρ ἡ ὀργὴ τῆς ὀλιγωρίας πρὸς τοὺς μὴ προσήκοντας, προσήκει δὲ τοῖς ἥττοσι μὴ ὀλιγωρεῖν· τοῖς δὲ φίλοις, ἐάν τε μὴ εὖ λέγωσιν ἢ ποιῶσιν, καὶ ἔτι μᾶλλον ἐὰν τἀναντία, καὶ ἐὰν μὴ αἰσθάνωνται δεομένων, ὥσπερ ὁ Ἀντιφῶντος Πλήξιππος τῷ Μελεάγρῳ· ὀλιγωρίας 15 γὰρ τὸ μὴ αἰσθάνεσθαι σημεῖον· ὧν γὰρ φροντίζομεν, οὐ λανθάνει. Καὶ τοῖς ἐπιχαίρουσι ταῖς ἀτυχίαις καὶ ὅλως εὐθυμουμένοις ἐν ταῖς αὐτῶν ἀτυχίαις· ἢ γὰρ ἐχθροῦ ἢ ὀλιγωροῦντος σημεῖον. Καὶ τοῖς μὴ φροντίζουσιν ἐὰν λυπήσωσιν· διὸ καὶ τοῖς κακὰ ἀγγέλλουσιν ὀργίζονται. Καὶ τοῖς ἢ ἀκούουσι 20 περὶ αὐτῶν ἢ θεωμένοις τὰ αὐτῶν φαῦλα· ὅμοιοι γάρ εἰσιν ἢ ὀλιγωροῦσιν ἢ ἐχθροῖς· οἱ γὰρ φίλοι συναλγοῦσιν, θεώμενοι δὲ τὰ οἰκεῖα φαῦλα πάντες ἀλγοῦσιν. Ἔτι τοῖς ὀλιγωροῦσι πρὸς

causam prejuízos de tal natureza que constituem indícios de ultraje. Tais são necessariamente as ações que não implicam represálias, nem proveito para seus autores, visto que então parece terem por móbil a intenção de ultrajar. ◆ Encolerizam-se ainda com aqueles que criticam e desprezam as questões às quais eles próprios atribuem a maior importância, como, por exemplo, os que têm aspirações infundadas no domínio da filosofia, se alguém a ataca; no campo da beleza, se alguém a menospreza, e assim por diante. Nesses casos, sua cólera é muito mais viva quando suspeitam que não dispõem desses atributos de maneira completa ou pelo menos expressiva, ou quando os outros não creem que eles as possuem; com efeito, quando acham que têm acentuada superioridade naquilo em que são objeto de zombaria, não se importam. E maior é sua cólera contra os amigos do que contra aqueles que não lhes são caros, porque pensam ser mais pertinente receber dos primeiros um bem do que disso serem privados. Encolerizam-se também com aqueles que habitualmente os honram ou os consideram, quando já não se comportam da mesma maneira, pois então creem ser desprezados por eles. De fato, poderiam não agir diferentemente. Com os que não retribuem o bem e não pagam na mesma moeda. Com os que lhes fazem oposição, se são inferiores, pois todas as pessoas dessa espécie dão a impressão de que os desprezam, umas como a inferiores, outras como a beneficiados por inferiores. E com aqueles que não gozam de nenhuma consideração, se manifestam algum desdém, maior cólera provocam, pois se admite que a cólera por desdém se volta contra os que não têm direito de desdenhar; ora, aos inferiores não lhes assiste tal direito. Encolerizam-se com os amigos se não lhes dizem ou não lhes fazem nada de bom, e ainda mais se fazem o contrário; se não notam que se tem necessidade deles, assim como o Plexipo da tragédia de Antifonte se irritava com Meléagro, porquanto o desperceber é sinal de desdém. Não nos escapa, com efeito, o que é de nosso interesse. Com os que se regozijam com os infortúnios e, em geral, com os que se alegram com os seus infortúnios, pois isso é indício de disposição hostil ou desdenhosa. Com os que não se preocupam quando causam aflição; por isso encolerizam-se

πέντε, πρὸς οὓς φιλοτιμοῦνται, [πρὸς] οὓς θαυμάζουσιν, ὑφ' ὧν βούλονται θαυμάζεσθαι, ἢ οὓς αἰσχύνονται, ἢ ἐν τοῖς 25 αἰσχυνομένοις αὐτούς· ἄν τις ἐν τούτοις ὀλιγωρῇ, ὀργίζονται μᾶλλον. Καὶ τοῖς εἰς τὰ τοιαῦτα ὀλιγωροῦσιν ὑπὲρ ὧν αὐτοῖς αἰσχρὸν μὴ βοηθεῖν, οἷον γονεῖς, τέκνα, γυναῖκας, ἀρχομένους. Καὶ τοῖς χάριν μὴ ἀποδιδοῦσιν· παρὰ τὸ προσῆκον γὰρ ἡ ὀλιγωρία. Καὶ τοῖς εἰρωνευομένοις πρὸς σπουδάζοντας· 30 καταφρονητικὸν γὰρ ἡ εἰρωνεία. Καὶ τοῖς τῶν ἄλλων εὐποιητικοῖς, ἐὰν μὴ καὶ αὐτῶν· καὶ γὰρ τοῦτο καταφρονητικόν, τὸ μὴ ἀξιοῦν ὧν πάντας καὶ αὐτόν. Ποιητικὸν δ' ὀργῆς καὶ ἡ λήθη, οἷον καὶ ἡ τῶν ὀνομάτων οὕτως οὖσα περὶ μικρόν· ὀλιγωρίας γὰρ δοκεῖ καὶ ἡ λήθη σημεῖον εἶναι· δι' ἀμέλειαν 35 μὲν γὰρ ἡ λήθη γίγνεται, ἡ δ' ἀμέλεια ὀλιγωρία τίς ἐστιν.

Οἷς μὲν οὖν ὀργίζονται καὶ ὡς ἔχοντες καὶ διὰ ποῖα, 1380 a ἅμα εἴρηται· δῆλον δ' ὅτι δέοι ἂν κατασκευάζειν τῷ λόγῳ τοιούτους οἷοι ὄντες ὀργίλως ἔχουσιν, καὶ τοὺς ἐναντίους τούτοις ἐνόχους ὄντας ἐφ' οἷς ὀργίζονται, καὶ τοιούτους οἷοις ὀργίζονται. 5

também com os que anunciam más notícias. Com aqueles que dão ouvidos a seus maldizentes ou observam suas fraquezas, visto que se assemelham, ou aos que desdenham ou a inimigos. Os amigos, com efeito, partilham nossas dores, e todos os homens sofrem percebendo suas próprias fraquezas. Além disso, com aqueles que lhes mostram desdém ♦ diante de cinco classes de pessoas: aquelas com quem rivalizam, as que admiram, aquelas pelas quais querem ser admirados, ou as que respeitam, ou aquelas que os respeitam; se alguém os desdenha diante dessas pessoas, maior é sua cólera. Sentimos cólera contra os que desdenham aqueles seres que nos seria vergonhoso não socorrer, por exemplo, pais, filhos, esposas, subordinados. Contra aqueles que não manifestam seu reconhecimento, porquanto esse desdém se contrapõe ao dever. Contra os que opõem a ironia a quem fala seriamente, pois a ironia é desdenhosa. Contra os que fazem benefício aos outros, se não o fazem também a nós, visto que é desdenhoso não nos julgarem dignos dos benefícios que fazem a todos. A causa da cólera também é o esquecimento, como, por exemplo, o do nosso nome, embora seja de pouca importância. É que o esquecimento parece ser indício de desdém; por indiferença, com efeito, ocorre o esquecimento, e a indiferença é uma forma de desdém.

Contra quem, pois, se sente cólera, em que estado de ânimo, e por quais razões, tudo foi dito ao mesmo tempo. É evidente que o orador deveria, por meio de seu discurso, predispor os ouvintes de tal maneira que se encolerizassem, deveria também apresentar seus adversários como culpados por atos ou palavras que provocam cólera e como pessoas de qualidades tais que a promovem. ♦

3

Ἐπεὶ δὲ τῷ ὀργίζεσθαι ἐναντίον τὸ πραΰνεσθαι καὶ ὀργῇ πραότητι, ληπτέον πῶς ἔχοντες πρᾶοί εἰσι καὶ πρὸς τίνας πράως ἔχουσι καὶ διὰ τίνων πραΰνονται. Ἔστω δὴ πράϋνσις κατάστασις καὶ ἠρέμησις ὀργῆς. Εἰ οὖν ὀργίζονται τοῖς ὀλιγωροῦσιν, ὀλιγωρία δ' ἑκούσιον, φανερὸν ὅτι καὶ τοῖς μηδὲν τούτων ποιοῦσιν ἢ ἀκουσίως ποιοῦσιν ἢ φαινομένοις τοιούτοις πρᾶοί εἰσιν. Καὶ τοῖς τἀναντία ὧν ἐποίησαν βουλομένοις. Καὶ ὅσοι καὶ αὐτοὶ εἰς αὐτοὺς τοιοῦτοι· οὐδεὶς γὰρ αὐτὸς αὑτοῦ δοκεῖ ὀλιγωρεῖν· καὶ τοῖς ὁμολογοῦσι καὶ μεταμελομένοις· ὡς γὰρ ἔχοντες δίκην τὸ λυπεῖσθαι ἐπὶ τοῖς πεποιημένοις παύονται τῆς ὀργῆς. Σημεῖον δὲ ἐπὶ τῆς τῶν οἰκετῶν κολάσεως· τοὺς μὲν γὰρ ἀντιλέγοντας καὶ ἀρνουμένους μᾶλλον κολάζομεν, πρὸς δὲ τοὺς ὁμολογοῦντας δικαίως κολάζεσθαι παυόμεθα θυμούμενοι. Αἴτιον δ' ὅτι ἀναισχυντία τὸ τὰ φανερὰ ἀρνεῖσθαι, ἡ δ' ἀναισχυντία ὀλιγωρία καὶ καταφρόνησις· ὧν γοῦν πολὺ καταφρονοῦμεν, οὐκ αἰσχυνόμεθα. Καὶ τοῖς ταπεινουμένοις πρὸς αὐτοὺς καὶ μὴ ἀντιλέγουσιν· φαίνονται γὰρ ὁμολογεῖν ἥττους εἶναι, οἱ δ' ἥττους φοβοῦνται, φοβούμενος δὲ οὐδεὶς ὀλιγωρεῖ. Ὅτι δὲ πρὸς τοὺς ταπεινουμένους παύεται ἡ ὀργή, καὶ οἱ κύνες δηλοῦσιν οὐ δάκνοντες τοὺς καθίζοντας. Καὶ τοῖς σπουδάζουσι πρὸς τοὺς σπουδάζον-

3
[Da calma]

Como estar calmo é o contrário de estar encolerizado, e a cólera se contrapõe à calma, deve-se examinar em que estado de ânimo as pessoas são calmas, com quem se comportam tranquilamente e por que meios se acalmam.

Seja a calma, portanto, a inibição e o apaziguamento da cólera.

Se sentimos cólera contra os que desdenham, e o desdém é voluntário, é evidente que com aqueles que nada disso fazem, ou agem involuntariamente, ou parecem agir assim, somos calmos. Igualmente, com os que queriam o contrário do que fizeram. E com os que também se comportam dessa maneira consigo mesmos, pois ninguém parece desdenhar a si próprio. E com os que reconhecem seus erros e se arrependem, porque, considerando como uma punição o pesar pelos atos praticados, eles fazem cessar a nossa cólera. Uma prova disso está no caso do castigo dos empregados domésticos, pois aos que contestam e negam infligimos maior castigo, mas, com os que reconhecem que são justamente castigados, deixamos de nos irritar. A causa disso é que constitui impudência o negar as evidências; ora, a impudência é desdém e desprezo; em todo caso, não sentimos vergonha daqueles a quem votamos grande desprezo. Também somos calmos com os que se humilham diante de nós e não contestam, pois parecem reconhecer que são inferiores; ora, os inferiores temem, e ninguém desdenha quando sente temor. Que contra os que se humilham cessa a cólera, até os cães o demonstram, quando não mordem os que estão sentados. Também somos calmos com aqueles que se comportam de maneira séria com quem age seriamente, ◆

τας· δοκεῖ γὰρ σπουδάζεσθαι ἀλλ' οὐ καταφρονεῖσθαι. Καὶ τοῖς μείζω κεχαρισμένοις. Καὶ τοῖς δεομένοις καὶ παραιτουμένοις· ταπεινότεροι γάρ· καὶ τοῖς μὴ ὑβρισταῖς μηδὲ χλευασταῖς μηδ' ὀλιγώροις εἰς μηδένα ἢ μὴ εἰς χρηστοὺς μηδ' εἰς τοιού- 30 τους οἷοί περ αὐτοί. Ὅλως δ' ἐκ τῶν ἐναντίων δεῖ σκοπεῖν τὰ πραΰνοντα. Καὶ οὓς φοβοῦνται ἢ αἰσχύνονται, ἕως ἂν οὕτως ἔχωσιν, οὐκ ὀργίζονται· ἀδύνατον γὰρ ἅμα φοβεῖσθαι καὶ ὀργίζεσθαι. Καὶ τοῖς δι' ὀργὴν ποιήσασιν ἢ οὐκ ὀργίζονται ἢ ἧττον ὀργίζονται· οὐ γὰρ δι' ὀλιγωρίαν φαίνονται πρᾶξαι· 35 οὐδεὶς γὰρ ὀργιζόμενος ὀλιγωρεῖ· ἡ μὲν γὰρ ὀλιγωρία ἄλυπον, ἡ δ' ὀργὴ μετὰ λύπης. Καὶ τοῖς αἰσχυνομένοις αὐτούς. 1380 b

Καὶ ἔχοντες δὲ ἐναντίως τῷ ὀργίζεσθαι δῆλον ὅτι πρᾶοί εἰσιν, οἷον ἐν παιδιᾷ, ἐν γέλωτι, ἐν ἑορτῇ, ἐν εὐημερίᾳ, ἐν κατορθώσει, ἐν πληρώσει, ὅλως ἐν ἀλυπίᾳ καὶ ἡδονῇ μὴ ὑβριστικῇ καὶ ἐν ἐλπίδι ἐπιεικεῖ. Ἔτι κεχρονικότες καὶ μὴ 5 ὑπόγυιοι τῇ ὀργῇ ὄντες· παύει γὰρ ὀργὴν ὁ χρόνος. Παύει δὲ καὶ ἑτέρου ὀργὴν μείζω ἡ παρ' ἄλλου ληφθεῖσα τιμωρία πρότερον· διὸ εὖ Φιλοκράτης, εἰπόντος τινὸς ὀργιζομένου τοῦ δήμου τί οὐκ ἀπολογεῖ; « Οὔπω γε », ἔφη. « Ἀλλὰ πότε; » « Ὅταν ἴδω ἄλλον διαβεβλημένον· » πρᾶοι γὰρ γίγνονται ὅταν 10 εἰς ἄλλον τὴν ὀργὴν ἀναλώσωσιν, ὃ συνέβη ἐπὶ Ἐργοφίλου· μᾶλλον γὰρ χαλεπαίνοντες ἢ Καλλισθένει ἀφεῖσαν διὰ τὸ Καλλισθένους τῇ προτεραίᾳ καταγνῶναι θάνατον. Καὶ ἐὰν ἕλωσιν. Καὶ ἐὰν μεῖζον κακὸν πεπονθότες ὦσιν ἢ οἱ ὀργιζό- μενοι ἂν ἔδρασαν· ὥσπερ εἰληφέναι γὰρ οἴονται τιμωρίαν. 15 Καὶ ἐὰν ἀδικεῖν οἴωνται αὐτοὶ καὶ δικαίως πάσχειν· [οὐ γίγνεται ἡ ὀργὴ πρὸς τὸ δίκαιον·] οὐ γὰρ ἔτι παρὰ τὸ προσ- ῆκον νομίζουσι πάσχειν, ἡ δ' ὀργὴ τοῦτο ἦν. Διὸ δεῖ τῷ

porquanto parece que este é tratado com seriedade e não com desprezo. Igualmente, com respeito aos que nos fizeram grandes favores. E com os que solicitam e suplicam, pois mostram maior humildade. Igualmente, com os que não são insolentes, nem trocistas, nem desdenhosos com pessoa alguma, ou seja, nem com os bons, nem com aqueles que são como nós mesmos.

Em geral, pelas circunstâncias contrárias às da cólera devem-se considerar as que dão origem à calma. Sentimos tranquilidade junto àqueles a quem tememos ou respeitamos; enquanto nos achamos nessas disposições, não nos encolerizamos; com efeito, é impossível sentir simultaneamente temor e cólera. E contra os que agiram por cólera, ou não temos esse sentimento, ou ele é menor, pois eles não parecem ter agido por desdém; de fato, ninguém desdenha quando encolerizado, uma vez que o desdém não é doloroso, mas a cólera é acompanhada de dor. E tampouco nos encolerizamos com os que nos respeitam.

Quando se acham em estado de ânimo contrário ao da cólera, é evidente que as pessoas são calmas, como, por exemplo, no jogo, no riso, na festa, num dia feliz, num momento de sucesso, na realização dos desejos e, em geral, na ausência da dor, no prazer inofensivo e na esperança justa. Demais, quando deixaram passar o tempo e já não estão sujeitas à cólera, porque o tempo a extingue. Põe termo, igualmente, à cólera mais forte contra determinada pessoa a vingança que antes foi tomada contra outrem. Por isso Filócrates respondeu com razão, quando alguém lhe perguntava por que não se defendia contra o povo irritado: "Ainda não". Mas quando? "Quando vir que um outro foi caluniado." Com efeito, tornamo-nos calmos quando descarregamos a cólera em outro, o que ocorreu no caso de Ergófilo, embora os atenienses estivessem mais irritados com ele que com Calístenes, absolveram-no porque na véspera tinham condenado Calístenes à morte.

Também ficamos calmos se fazemos condenar o ofensor. Igualmente, se os adversários sofreram maior mal do que lhes teríamos infligido, em estado de irritação, porquanto, cremos, é como se nos tivéssemos vingado. E se cremos que nós mes-

λόγῳ προκολάζειν· ἀγανακτοῦσιν γὰρ ἧττον κολαζόμενοι καὶ οἱ δοῦλοι. Καὶ ἐὰν μὴ αἰσθήσεσθαι οἴωνται ὅτι δι' αὐτοὺς καὶ 20 ἀνθ' ὧν ἔπαθον· ἡ γὰρ ὀργὴ πρὸς τὸν καθ' ἕκαστόν ἐστιν. Δῆλον δ' ἐκ τοῦ ὁρισμοῦ. Διὸ ὀρθῶς πεποίηται

φάσθαι Ὀδυσσῆα πτολιπόρθιον,

ὡς οὐ τετιμωρημένος εἰ μὴ ᾔσθετο καὶ ὑφ' ὅτου καὶ ἀνθ' ὅτου. Ὥστε οὔτε τοῖς ἄλλοις ὅσοι μὴ αἰσθάνονται ὀργίζονται, 25 οὔτε τοῖς τεθνεῶσιν ἔτι, ὡς πεπονθόσι τε τὸ ἔσχατον καὶ οὐκ ἀλγήσουσιν οὐδ' αἰσθησομένοις, οὗ οἱ ὀργιζόμενοι ἐφίενται. Διὸ εὖ περὶ τοῦ Ἕκτορος ὁ ποιητής, παῦσαι βουλόμενος τὸν Ἀχιλλέα τῆς ὀργῆς τεθνεῶτος,

κωφὴν γὰρ δὴ γαῖαν ἀεικίζει μενεαίνων.

. . . .

Δῆλον οὖν ὅτι τοῖς καταπραΰνειν βουλομένοις ἐκ τούτων 30 τῶν τόπων λεκτέον, αὐτοὺς μὲν παρασκευάζουσι τοιούτους, οἷς δ' ὀργίζονται, ἢ φοβεροὺς ἢ αἰσχύνης ἀξίους ἢ κεχαρισμένους ἢ ἄκοντας ἢ ὑπεραλγοῦντας τοῖς πεποιημένοις.

mos cometemos injustiça e merecidamente sofremos (não há cólera contra o que é justo); de fato, já não cremos que sofremos injustamente; ora, isso era a causa da cólera. Eis por que é preciso ◆ punir primeiro por meio de palavras, visto que assim até os escravos se irritam menos com o castigo. Além disso, não nos encolerizamos se pensamos que os punidos não saberão que sofreram por nossa causa e por quais motivos, pois a cólera tem a ver com o indivíduo; ora, isso é evidente pela definição. Por essa razão, com justeza assim se expressou Homero (*Od*. IX 504):

Diz-lhe que foi Ulisses, o devastador de cidades.

como se Ulisses não se sentisse vingado se o Ciclope não soubesse por quem nem por que motivo ficara cego. Assim, não se sente cólera contra outros que não a sentem, nem contra os mortos, porque estes sofreram a última das penas e já não terão dor nem sentimentos; isso é o que os coléricos desejam. Eis por que, com razão, disse sobre Heitor já morto o Poeta, querendo pôr um termo à cólera de Aquiles (*Il*. XXIV 54):

É uma terra insensível que ele ultraja em seu furor.

Os oradores que desejam tornar calmo seu auditório devem então evidentemente tirar seus argumentos desses tópicos; dispõem-no dessa maneira apresentando-lhe aqueles contra quem se encoleriza como pessoas temíveis, ou dignas de respeito, ou benfeitoras, ou como quem agiu contra sua vontade, ou muito arrependidas de suas ações. ◆

4

Τίνας δὲ φιλοῦσι καὶ μισοῦσι, καὶ διὰ τί, ... τὴν φιλίαν καὶ τὸ φιλεῖν ὁρισάμενοι λέγωμεν. Ἔστω δὴ τὸ φιλεῖν τὸ βούλεσ- 35 θαί τινι ἃ οἴεται ἀγαθά, ἐκείνου ἕνεκα ἀλλὰ μὴ αὐτοῦ, καὶ τὸ κατὰ δύναμιν πρακτικὸν εἶναι τούτων. Φίλος δέ ἐστιν ὁ φιλῶν 1381 a καὶ ἀντιφιλούμενος. Οἴονται δὲ φίλοι εἶναι οἱ οὕτως ἔχειν οἰόμενοι πρὸς ἀλλήλους.

Τούτων δὲ ὑποκειμένων ἀνάγκη φίλον εἶναι τὸν συνηδόμενον τοῖς ἀγαθοῖς καὶ συναλγοῦντα τοῖς λυπηροῖς μὴ διά τι ἕτερον ἀλλὰ δι' ἐκεῖνον. Γιγνομένων γὰρ 5 ὧν βούλονται χαίρουσιν πάντες, τῶν ἐναντίων δὲ λυποῦνται, ὥστε τῆς βουλήσεως σημεῖον αἱ λῦπαι καὶ αἱ ἡδοναί. Καὶ οἷς δὴ ταὐτὰ ἀγαθὰ καὶ κακά, καὶ οἱ τοῖς αὐτοῖς φίλοι καὶ οἱ τοῖς αὐτοῖς ἐχθροί· ταὐτὰ γὰρ τούτοις βούλεσθαι ἀνάγκη, ὥστε ἅ περ αὑτῷ καὶ ἄλλῳ βουλόμενος, τούτῳ φαίνεται φίλος εἶναι. 10 Καὶ τοὺς πεποιηκότας εὖ φιλοῦσιν ἢ αὐτοὺς ἢ ὧν κήδονται· ἢ εἰ μεγάλα, ἢ εἰ προθύμως, ἢ εἰ ἐν τοιούτοις καιροῖς, καὶ αὐτῶν ἕνεκα, ἢ οὓς ἂν οἴωνται βούλεσθαι ποιεῖν εὖ. Καὶ τοὺς τῶν φίλων φίλους καὶ φιλοῦντας οὓς αὐτοὶ φιλοῦσιν. Καὶ τοὺς φιλουμένους ὑπὸ τῶν φιλουμένων αὐτοῖς. Καὶ τοὺς τοῖς 15 αὐτοῖς ἐχθροὺς καὶ μισοῦντας οὓς αὐτοὶ μισοῦσιν, καὶ τοὺς μισουμένους ὑπὸ τῶν αὐτοῖς μισουμένων· πᾶσιν γὰρ τούτοις τὰ αὐτὰ ἀγαθὰ φαίνεται εἶναι καὶ αὐτοῖς, ὥστε βούλεσθαι τὰ αὑτοῖς ἀγαθά, ὃ περ ἦν τοῦ φίλου. Ἔτι τοὺς εὐποιητικοὺς εἰς

4
[Do amor e do ódio]

Digamos a quem se ama ou se odeia, e por quê, após ter definido a amizade e o amor. Seja amar o querer para alguém o que se julga bom, para ele e não para nós, e também o ser capaz de realizá-lo na medida do possível. Amigo é o que ama e é, por sua vez, amado. Consideram-se amigos os que assim se acham dispostos reciprocamente.

Admitidas essas conjecturas, é necessariamente nosso amigo aquele que se regozija com nossos bens e sofre com nossas tristezas sem outra razão que o nosso interesse. Acontecendo-lhes o que querem, todas as pessoas se regozijam, mas se afligem quando ocorre o contrário, de sorte que suas aflições e seus prazeres são um indício de sua vontade. São, pois, amigos aqueles que consideram como bens e males as mesmas coisas que nós, assim como os que têm em comum conosco amigos e inimigos. De fato, têm forçosamente os mesmos desejos que temos, de sorte que, se alguém quer para outro o que deseja para si, parece ser seu amigo. Amamos além disso os que fizeram favor seja a nós, seja àqueles por quem temos interesse, ou se os benefícios são importantes, ou feitos de boa vontade, ou em determinadas ocasiões e por nossa causa, ou aqueles que, cremos, quereriam prestar-nos serviço. E os amigos de nossos amigos, ou melhor, os que amam as pessoas que amamos. Igualmente, os que são amados pelos que nos são caros. E os que têm os mesmos inimigos que nós, ou melhor, aqueles que odeiam os que odiamos, assim como os que são odiados pelos mesmos que nos odeiam, porque para todas essas pessoas os bens parecem ser os mesmos que para nós; assim, desejam nosso bem, o que dizíamos ser característica do amigo. Amamos ainda os dispostos a fazer benefício, ◆

χρήματα καὶ εἰς σωτηρίαν· διὸ τοὺς ἐλευθερίους καὶ ἀνδρείους 20
τιμῶσι καὶ τοὺς δικαίους. Τοιούτους δ' ὑπολαμβάνουσι τοὺς
μὴ ἀφ' ἑτέρων ζῶντας· τοιοῦτοι δ' οἱ ἀπὸ τοῦ ἐργάζεσθαι, καὶ
τούτων οἱ ἀπὸ γεωργίας καὶ τῶν ἄλλων οἱ αὐτουργοὶ μάλιστα.
Καὶ τοὺς σώφρονας, ὅτι οὐκ ἄδικοι. Καὶ τοὺς ἀπράγμονας
διὰ τὸ αὐτό. Καὶ οἷς βουλόμεθα φίλοι εἶναι, ἂν φαίνωνται 25
βουλόμενοι· εἰσὶ δὲ τοιοῦτοι οἵ τ' ἀγαθοὶ κατ' ἀρετὴν καὶ οἱ
εὐδόκιμοι ἢ ἐν ἅπασιν ἢ ἐν τοῖς βελτίστοις ἢ ἐν τοῖς θαυ-
μαζομένοις ὑφ' αὑτῶν ἢ ἐν τοῖς θαυμάζουσιν αὐτούς. Ἔτι
τοὺς ἡδεῖς συνδιαγαγεῖν καὶ συνδιημερεῦσαι· τοιοῦτοι δ'
οἱ εὔκολοι καὶ μὴ ἐλεγκτικοὶ τῶν ἁμαρτανομένων καὶ μὴ 30
φιλόνικοι μηδὲ δυσέριδες· πάντες γὰρ οἱ τοιοῦτοι μαχη-
τικοί, οἱ δὲ μαχόμενοι τἀναντία φαίνονται βούλεσθαι. Καὶ
οἱ ἐπιδέξιοι καὶ τῷ παῖσαι καὶ τῷ ὑπομεῖναι· ἐπὶ ταὐτὸ γὰρ
ἀμφότεροι σπεύδουσι τῷ πλησίον, δυνάμενοί τε σκώπτεσθαι
καὶ ἐμμελῶς σκώπτοντες. Καὶ τοὺς ἐπαινοῦντας τὰ ὑπάρ- 35
χοντα ἀγαθά, καὶ τούτων ἃ μάλιστα φοβοῦνται μὴ ὑπάρχειν αὐτοῖς. Καὶ τοὺς καθαρίους περὶ ὄψιν, περὶ ἀμπεχόνην, 1381 b
περὶ ὅλον τὸν βίον. Καὶ τοὺς μὴ ὀνειδιστὰς μήτε τῶν ἁμαρ-
τημάτων μήτε τῶν εὐεργετημάτων· ἀμφότεροι γὰρ ἐλεγ-
κτικοί. Καὶ τοὺς μὴ μνησικακοῦντας, μηδὲ φυλακτικοὺς τῶν
ἐγκλημάτων, ἀλλ' εὐκαταλλάκτους· οἵους γὰρ ἂν ὑπολαμ- 5
βάνωσιν εἶναι πρὸς τοὺς ἄλλους, καὶ πρὸς αὐτοὺς οἴονται.
Καὶ τοὺς μὴ κακολόγους μηδὲ εἰδότας μήτε τὰ τῶν πλησίον
κακὰ μήτε τὰ αὑτῶν, ἀλλὰ τἀγαθά· ὃ γὰρ ἀγαθὸς ταῦτα
δρᾷ. Καὶ τοὺς μὴ ἀντιτείνοντας τοῖς ὀργιζομένοις ἢ σπουδά-
ζουσιν· μαχητικοὶ γὰρ οἱ τοιοῦτοι. Καὶ τοὺς πρὸς αὐτοὺς 10
σπουδαίως πως ἔχοντας, οἷον θαυμάζοντας αὐτοὺς καὶ σπου-

seja em questão de dinheiro ou de segurança, eis por que se honram os liberais, os corajosos e os justos. Consideram-se dessa qualidade os que não vivem à custa dos outros: tais são os que vivem de seu trabalho e, entre esses, aqueles que vivem da agricultura, e, entre os demais, principalmente os artesãos. Também amamos os que são sensatos, porque não são injustos. E, pela mesma razão, os que não se imiscuem em questões alheias. E aqueles de quem queremos ser amigos, se eles manifestam o mesmo desejo a nosso respeito; são tais os bons por sua virtude e os de boa reputação, seja entre todos, seja entre os melhores, seja entre as pessoas que admiramos ou que nos admiram. Além disso, aqueles com quem é agradável passar nossa vida ou o dia: tais são os condescendentes, que não são capazes de censurar nossos erros, que não prezam as discussões, nem as contendas, pois esses últimos são combativos, e os que combatem parecem ter desejos contrários aos nossos. Amamos os hábeis em dizer pilhérias e em tolerá-las, uma vez que uns e outros visam ao mesmo objetivo que seu semelhante, podendo tanto tornar-se objeto de zombaria dos outros quanto zombar adequadamente de outrem. E os que louvam as qualidades que possuímos e, entre essas, aquelas que sobretudo receamos não ter. E os limpos em sua aparência, em sua vestimenta, em sua vida. E os que não censuram nossos erros, nem os benefícios que nos fazem, pois uns e outros propendem para a crítica. E os que não guardam rancor, nem ressentimento com os agravos, mas, ao contrário, são facilmente reconciliáveis, pois pensamos que se comportarão conosco assim como se comportam com os demais. E aqueles que não são maldizentes e não procuram conhecer os males dos vizinhos, nem os nossos, mas sim o que há de bom, porque assim age o homem de bem. Também amamos aqueles que não oferecem oposição aos irascíveis ou aos muito atarefados, visto que esses últimos são inclinados às altercações. E aqueles que, de certa maneira, nos tratam com solicitude, como, por exemplo, admirando-nos, ♦ considerando-nos pessoas sérias, alegrando-se em nossa companhia e, sobretudo, experimentando esses sentimentos relativamente às coisas pelas quais mais desejamos, ou ser admirados por eles, ou parecer-lhes sérios ou agradáveis.

δαίους ὑπολαμβάνοντας καὶ χαίροντας αὐτοῖς, καὶ ταῦτα μάλιστα πεπονθότας, περὶ ἃ μάλιστα βούλονται αὐτοὶ ἢ θαυμάζεσθαι ἢ σπουδαῖοι δοκεῖν εἶναι ἢ ἡδεῖς. Καὶ τοὺς ὁμοίους καὶ ταὐτὰ ἐπιτηδεύοντας, ἐὰν μὴ παρενοχλῶσι μηδ᾽ 15 ἀπὸ ταὐτοῦ ᾖ ὁ βίος· γίγνεται γὰρ οὕτω τὸ κεραμεὺς κεραμεῖ. Καὶ τοὺς τῶν αὐτῶν ἐπιθυμοῦντας, ὧν ἐνδέχεται ἅμα μετέχειν αὐτούς· εἰ δὲ μή, ταὐτὸ καὶ οὕτω συμβαίνει. Καὶ πρὸς οὓς οὕτως ἔχουσιν ὥστε μὴ αἰσχύνεσθαι τὰ πρὸς δόξαν, μὴ καταφρονοῦντες. Καὶ πρὸς οὓς αἰσχύνονται τὰ 20 πρὸς ἀλήθειαν. Καὶ πρὸς οὓς φιλοτιμοῦνται, ἢ ὑφ᾽ ὧν ζηλοῦσθαι βούλονται καὶ μὴ φθονεῖσθαι, τούτους ἢ φιλοῦσιν ἢ βούλονται φίλοι εἶναι. Καὶ οἷς ἂν τἀγαθὰ συμπράττωσιν, ἐὰν μὴ μέλλῃ αὐτοῖς ἔσεσθαι μείζω κακά. Καὶ τοῖς ὁμοίως καὶ τοὺς ἀπόντας καὶ τοὺς παρόντας φιλοῦσιν· διὸ καὶ τοὺς 25 περὶ τοὺς τεθνεῶτας τοιούτους πάντες φιλοῦσιν.

Καὶ ὅλως τοὺς σφόδρα φιλοφίλους καὶ μὴ ἐγκαταλείποντας· μάλιστα γὰρ φιλοῦσι τῶν ἀγαθῶν τοὺς φιλεῖν ἀγαθούς. Καὶ τοὺς μὴ πλαττομένους πρὸς αὐτούς· τοιοῦτοι δὲ οἱ καὶ τὰ φαῦλα τὰ ἑαυτῶν λέγοντες. Εἴρηται γὰρ ὅτι πρὸς τοὺς φίλους τὰ πρὸς 30 δόξαν οὐκ αἰσχυνόμεθα· εἰ οὖν ὁ αἰσχυνόμενος μὴ φιλεῖ, ὁ μὴ αἰσχυνόμενος φιλοῦντι ἔοικεν. Καὶ τοὺς μὴ φοβερούς, καὶ οὓς θαρροῦμεν· οὐδεὶς γὰρ ὃν φοβεῖται φιλεῖ.

Εἴδη δὲ φιλίας ἑταιρεία οἰκειότης συγγένεια καὶ ὅσα τοιαῦτα.

Ποιητικὰ δὲ φιλίας χάρις, καὶ τὸ μὴ δεηθέντος ποιῆσαι, 35 καὶ τὸ ποιήσαντα μὴ δηλῶσαι· αὐτοῦ γὰρ οὕτως ἕνεκα φαίνεται καὶ οὐ διά τι ἕτερον.

Amamos os que nos assemelham e têm as mesmas ocupações que nós, a menos que nos incomodem e tirem da mesma fonte seus meios de existência, pois nessas condições se verifica o dito:

O oleiro tem inveja do oleiro.

E aqueles que têm os mesmos desejos que nós, se nos é possível participar ao mesmo tempo dessas vantagens, pois em caso contrário se verifica o mesmo que acima foi citado. Aqueles diante dos quais temos tal disposição que não nos envergonhamos de atos contrários à opinião comum, sem que os desprezemos. Aqueles diante de quem nos envergonhamos de atos contrários à verdade. Aqueles de quem somos rivais ou queremos provocar o sentimento de competição, mas não o da inveja; a esses, ou os amamos, ou queremos que sejam nossos amigos. Aqueles com quem cooperamos em boas ações, se não tivermos males maiores. Aqueles que da mesma maneira amam os ausentes e os presentes; por isso mesmo todos amam os que têm tais sentimentos para com os mortos.

E, em geral, amamos os que amam intensamente seus amigos e não os desamparam, já que amamos sobretudo, entre os bons, os aptos a amar. Aqueles que não usam de dissimulação conosco; tais são os que revelam até seus próprios defeitos. De fato, dissemos que não nos envergonhamos diante dos amigos por atos contrários à opinião comum; se, então, aquele que se envergonha não ama, a pessoa que não se envergonha assemelha-se a quem ama. Aqueles que não causam temor e aqueles em quem confiamos, pois ninguém ama a quem teme.

As formas de amizade são: companheirismo, familiaridade, parentesco e todos os relacionamentos análogos.

As causas da amizade são o favor, o fazê-lo sem que seja solicitado e o não divulgá-lo, após tê-lo prestado, pois assim parece que se agiu por causa desse amigo e não por uma outra razão. ◆

No que concerne ao ódio e precisamente ao sentimento de rancor, é evidente que se pode fazer uma análise atenta a partir dos contrários do exposto acima.

Περὶ δ' ἔχθρας καὶ τοῦ μισεῖν φανερὸν ὡς ἐκ τῶν ἐναν- 1382a
τίων ἐστὶ θεωρεῖν. Ποιητικὰ δὲ ἔχθρας ὀργή, ἐπηρεασμός, δια-
βολή. Ὀργὴ μὲν οὖν ἐστιν ἐκ τῶν πρὸς αὑτόν, ἔχθρα δὲ καὶ
ἄνευ τοῦ πρὸς αὑτόν· ἂν γὰρ ὑπολαμβάνωμεν εἶναι τοιόνδε,
μισοῦμεν. Καὶ ἡ μὲν ὀργὴ ἀεὶ περὶ τὰ καθ' ἕκαστα, οἷον Καλ- 5
λίαν ἢ Σωκράτην, τὸ δὲ μῖσος καὶ πρὸς τὰ γένη· τὸν γὰρ κλέ-
πτην μισεῖ καὶ τὸν συκοφάντην ἅπας. Καὶ τὸ μὲν ἰατὸν
χρόνῳ, τὸ δ' ἀνίατον. Καὶ τὸ μὲν λύπης ἔφεσις, τὸ δὲ κακοῦ·
αἰσθέσθαι γὰρ βούλεται ὁ ὀργιζόμενος, τῷ δ' οὐδὲν διαφέρει.
Ἔστι δὲ τὰ μὲν λυπηρὰ αἰσθητὰ πάντα, τὰ δὲ μάλιστα κακὰ 10
ἥκιστα αἰσθητά, ἀδικία καὶ ἀφροσύνη· οὐδὲν γὰρ λυπεῖ ἡ
παρουσία τῆς κακίας. Καὶ τὸ μὲν μετὰ λύπης, τὸ δ' οὐ
μετὰ λύπης· ὁ μὲν γὰρ ὀργιζόμενος λυπεῖται, ὁ δὲ μισῶν οὔ.
Καὶ ὁ μὲν πολλῶν ἂν γενομένων ἐλεήσειεν, ὁ δ' οὐδενός· ὁ μὲν
γὰρ ἀντιπαθεῖν βούλεται ᾧ ὀργίζεται, ὁ δὲ μὴ εἶναι. 15

... Φανερὸν οὖν ἐκ τούτων ὅτι ἐνδέχεται ἐχθροὺς καὶ φίλους
καὶ ὄντας ἀποδεικνύναι καὶ μὴ ὄντας ποιεῖν καὶ φάσκοντας
διαλύειν, καὶ δι' ὀργὴν ἢ δι' ἔχθραν ἀμφισβητοῦντας ἐφ' ὁπό-
τερ' ἂν προαιρῆταί τις ἄγειν.

São causas do ódio a cólera, o ultraje, a calúnia. A cólera, pois, provém daquilo que nos toca pessoalmente, enquanto o ódio surge mesmo sem nenhuma ligação pessoal; de fato, se supomos que uma pessoa tem tal ou tal caráter, nós a odiamos. Além disso, a cólera volta-se sempre para o individual, por exemplo para Cálias ou Sócrates, mas o ódio volta-se também para as classes de pessoas, pois todo homem odeia o ladrão e o sicofanta. A primeira pode ser curada com o tempo, mas o outro é incurável. A cólera é o desejo de causar desgosto, mas o ódio, o de fazer mal, visto que o colérico quer notar o desgosto causado, enquanto ao que odeia nada importa. As coisas que causam desgosto são todas perceptíveis, as que acarretam os maiores males são as menos perceptíveis: a injustiça e a insensatez, pois a presença do vício não nos causa nenhum desgosto. A cólera traz consigo desgosto, mas o ódio não é acompanhado de desgosto, visto que o colérico sente desgosto, enquanto aquele que odeia, não. O primeiro poderia sentir compaixão em muitas circunstâncias, mas o outro, em nenhuma; um deseja que o causador de sua cólera sofra por seu turno, enquanto o outro, que ele desapareça.

É evidente, portanto, pelas reflexões precedentes, que é possível demonstrar que tais pessoas são inimigas ou amigas e, se não são, apresentá-las como tais; se afirmam que são, refutá-las; e, se estão em desacordo por cólera ou por ódio, é possível dirigi-las para uma das duas soluções que se preferir. ◆

5

Ποία δὲ φοβοῦνται καὶ τίνας καὶ πῶς ἔχοντες, ὧδ' ἔσται φανερόν. Ἔστω δὴ φόβος λύπη τις ἢ ταραχὴ ἐκ φαντασίας μέλλοντος κακοῦ φθαρτικοῦ ἢ λυπηροῦ· οὐ γὰρ πάντα τὰ κακὰ φοβοῦνται, οἷον εἰ ἔσται ἄδικος ἢ βραδύς, ἀλλ' ὅσα λύπας μεγάλας ἢ φθορὰς δύναται, καὶ ταῦτα ἐὰν μὴ πόρρω ἀλλὰ σύνεγγυς φαίνηται ὥστε μέλλειν. Τὰ γὰρ πόρρω σφόδρα οὐ φοβοῦνται· ἴσασι γὰρ πάντες ὅτι ἀποθανοῦνται, ἀλλ' ὅτι οὐκ ἐγγύς, οὐδὲν φροντίζουσιν.

Εἰ δὴ ὁ φόβος τοῦτ' ἐστίν, ἀνάγκη τὰ τοιαῦτα φοβερὰ εἶναι ὅσα φαίνεται δύναμιν ἔχειν μεγάλην τοῦ φθείρειν ἢ βλάπτειν βλάβας εἰς λύπην μεγάλην συντεινούσας. Διὸ καὶ τὰ σημεῖα τῶν τοιούτων φοβερά· ἐγγὺς γὰρ φαίνεται τὸ φοβερόν· τοῦτο γάρ ἐστι κίνδυνος, φοβεροῦ πλησιασμός.

Τοιαῦτα δὲ ἔχθρα τε καὶ ὀργὴ δυναμένων ποιεῖν τι· δῆλον γὰρ ὅτι βούλονται, ὥστε ἐγγύς εἰσιν τοῦ ποιεῖν. Καὶ ἀδικία δύναμιν ἔχουσα. Τῷ προαιρεῖσθαι γὰρ ὁ ἄδικος ἄδικος. Καὶ ἀρετὴ ὑβριζομένη δύναμιν ἔχουσα· δῆλον γὰρ ὅτι προαιρεῖται μὲν ὅταν ὑβρίζηται, ἀεί, δύναται δὲ νῦν. Καὶ φόβος τῶν δυναμένων τι ποιῆσαι· ἐν παρασκευῇ γὰρ ἀνάγκη εἶναι καὶ

5
[Do temor e da confiança]

Que espécies de coisas se temem, a quem se teme e em que estado de espírito, eis o que ficará evidente pelo que vem a seguir. Seja, então, o temor certo desgosto ou preocupação resultantes da suposição de um mal iminente, ou danoso ou penoso, pois não se temem todos os males, por exemplo, o de que alguém se torne injusto ou de espírito obtuso, mas sim aqueles males que podem provocar grandes desgostos ou danos; e isso quando não se mostram distantes, mas próximos e iminentes. Com efeito, não se temem os que estão muito distantes; assim, todos os homens sabem que vão morrer, mas, como esse fato não é imediato, não lhes traz nenhuma preocupação.

Se, então, o temor é isso, necessariamente são temíveis aquelas coisas que parecem possuir grande capacidade de arruinar, ou de causar danos que levam a grande desgosto. Por isso, até os indícios de tais coisas são temíveis, porque o temível parece estar próximo; é nisso, com efeito, que reside o perigo, a aproximação do temível.

Ora, indícios dessa espécie são o ódio e a cólera das pessoas que têm poder de fazer algum mal, pois é evidente que elas o desejam; assim, elas estão a ponto de fazê-lo. E é temível a injustiça, se tem esse poder, porquanto é pela intenção que o injusto é injusto. E também a virtude ultrajada, se tem poder, porque é evidente que, quando é ultrajada, sempre tem a intenção de se vingar, e, evidentemente, nessas condições ela tem esse poder. O temor dos que podem fazer algum mal, pois necessariamente o homem que está nessa disposição está também preparado para agir. ◆ Como as pessoas, em sua maioria,

τὸν τοιοῦτον. Ἐπεὶ δ' οἱ πολλοὶ χείρους καὶ ἥττους τοῦ κερδαίνειν καὶ δειλοὶ ἐν τοῖς κινδύνοις, φοβερὸν ὡς ἐπὶ τὸ πολὺ τὸ ἐπ' ἄλλῳ αὐτὸν εἶναι, ὥστε οἱ συνειδότες πεποιηκότι δεινὸν φοβεροὶ ἢ κατειπεῖν ἢ ἐγκαταλιπεῖν. Καὶ οἱ δυνάμενοι ἀδικεῖν τοῖς δυναμένοις ἀδικεῖσθαι· ὡς γὰρ ἐπὶ τὸ πολὺ ἀδικοῦσιν οἱ ἄνθρωποι ὅταν δύνωνται. Καὶ οἱ ἠδικημένοι ἢ νομίζοντες ἀδικεῖσθαι· ἀεὶ γὰρ τηροῦσι καιρόν. Καὶ οἱ ἠδικηκότες, ἂν δύναμιν ἔχωσι, φοβεροί, δεδιότες τὸ ἀντιπαθεῖν· ὑπέκειτο γὰρ τὸ τοιοῦτο φοβερόν. Καὶ οἱ τῶν αὐτῶν ἀνταγωνισταί, ὅσα μὴ ἐνδέχεται ἅμα ὑπάρχειν ἀμφοῖν· ἀεὶ γὰρ πολεμοῦσι πρὸς τοὺς τοιούτους. Καὶ οἱ τοῖς κρείττοσιν αὐτῶν φοβεροί· μᾶλλον γὰρ ἂν δύναιντο βλάπτειν αὐτούς, εἰ καὶ τοὺς κρείττους. Καὶ οὓς φοβοῦνται οἱ κρείττους αὐτῶν, διὰ ταὐτό. Καὶ οἱ τοὺς κρείττους αὐτῶν ἀνῃρηκότες. Καὶ οἱ τοῖς ἥττοσιν αὐτῶν ἐπιτιθέμενοι· ἢ γὰρ ἤδη φοβεροὶ ἢ αὐξηθέντες. Καὶ τῶν ἠδικημένων καὶ ἐχθρῶν ἢ ἀντιπάλων οὐχ οἱ ὀξύθυμοι καὶ παρρησιαστικοί, ἀλλὰ οἱ πρᾶοι καὶ εἴρωνες καὶ πανοῦργοι· ἄδηλοι γὰρ εἰ ἐγγύς, ὥστε οὐδέποτε φανεροὶ ὅτι πόρρω.

Πάντα δὲ τὰ φοβερὰ φοβερώτερα ὅσα ἁμαρτάνουσιν ἐπανορθώσασθαι μὴ ἐνδέχεται, ἀλλ' ἢ ὅλως ἀδύνατα, ἢ μὴ ἐπ' αὐτοῖς ἀλλ' ἐπὶ τοῖς ἐναντίοις. Καὶ ὧν βοηθῆσαι μὴ εἰσιν ἢ μὴ ῥᾴδιαι. Ὡς δ' ἁπλῶς εἰπεῖν, φοβερά ἐστιν ὅσα ἐφ' ἑτέρων γιγνόμενα ἢ μέλλοντα ἐλεεινά ἐστιν.

Τὰ μὲν οὖν φοβερὰ καὶ ἃ φοβοῦνται, σχεδὸν ὡς εἰπεῖν τὰ μέγιστα ταῦτ' ἐστίν, ὡς δὲ διακείμενοι αὐτοὶ φοβοῦνται, νῦν λέγωμεν. Εἰ δή ἐστιν ὁ φόβος μετὰ προσδοκίας τινὸς τοῦ πεί-

são bastante perversas, dominadas pelo desejo do ganho e covardes nos perigos, é frequentemente temível estar à mercê de outrem, de sorte que aqueles que efetivamente têm conhecimento da prática de uma ação má fazem temer que nos denunciem ou nos abandonem. São também temíveis, para os que podem sofrer injustiça, aqueles que têm o poder de cometê-la, porque ordinariamente os homens cometem injustiça, quando podem. Também os que sofreram ou creem sofrer uma injustiça, pois estão sempre na expectativa da ocasião de se vingarem. Aqueles que cometeram uma injustiça igualmente são temíveis, se têm poder, visto que temem ser vítimas de alguma vingança; de fato, foi considerado que tal eventualidade é temível. Nossas rivais nas mesmas coisas, se ambos não podemos tê-las ao mesmo tempo, porque sempre estamos em conflito com tais pessoas. E os temíveis para os mais fortes do que nós; porque, se podem prejudicar os mais fortes, maior dano poderiam causar-nos. E aqueles a quem os mais fortes que nós temem, pela mesma razão. Igualmente, os que aniquilaram quem nos supera em força. E os que atacam os mais fracos que nós: ou já são temíveis, ou o serão, depois de terem seu poder aumentado. E, entre as vítimas de injustiça e os inimigos ou adversários, são temíveis não os arrebatados e os francos, mas os calmos, os dissimulados e os astutos, pois não se pode saber se estão prestes a agredir, de sorte que jamais fica evidente que estão longe de fazê-lo.

Todas as coisas temíveis são ainda mais temíveis se não é possível a seus autores corrigi-las, ou porque isso é absolutamente impossível, ou porque não depende deles, mas de seus adversários. Igualmente, são temíveis as coisas contra as quais os recursos não existem, ou são difíceis. Para falar de modo geral, tudo o que, acontecendo ou estando prestes a acontecer a outros, provoca compaixão.

Tais são, pois, aproximadamente, as mais importantes, por assim dizer, das coisas temíveis e das que de fato se temem; digamos agora em que estado de ânimo se encontram os que temem. Se o temor é acompanhado de uma expectativa ◆ de mal aniquilador, é evidente que ninguém teme entre os que creem que nada poderiam sofrer; não tememos aquilo que não

σεσθαί τι φθαρτικὸν πάθος, φανερὸν ὅτι οὐδεὶς φοβεῖται τῶν 30
οἰομένων μηδὲν ἂν παθεῖν, οὐδὲ ταῦτα ἃ μὴ οἴονται [παθεῖν]
οὐδὲ τούτους ὑφ' ὧν μὴ οἴονται, οὐδὲ τότε ὅτε μὴ οἴονται.
Ἀνάγκη τοίνυν φοβεῖσθαι τοὺς οἰομένους τι παθεῖν ἄν, καὶ
τοὺς ὑπὸ τούτων καὶ ταῦτα καὶ τότε. Οὐκ οἴονται δὲ παθεῖν
ἂν οὔτε οἱ ἐν εὐτυχίαις μεγάλαις ὄντες καὶ δοκοῦντες, διὸ 1383 a
ὑβρισταὶ καὶ ὀλίγωροι καὶ θρασεῖς, (ποιεῖ δὲ τοιούτους πλοῦτος ἰσχὺς πολυφιλία δύναμις,) οὔτε οἱ ἤδη πεπονθέναι πάντα
νομίζοντες τὰ δεινὰ καὶ ἀπεψυγμένοι πρὸς τὸ μέλλον, ὥσπερ
οἱ ἀποτυμπανιζόμενοι ἤδη· ἀλλὰ δεῖ τινα ἐλπίδα ὑπεῖναι 5
σωτηρίας, περὶ οὗ ἀγωνιῶσιν. Σημεῖον δέ· ὁ γὰρ φόβος
βουλευτικοὺς ποιεῖ, καίτοι οὐδεὶς βουλεύεται περὶ τῶν ἀνελ-
πίστων.

Ὥστε δεῖ τοιούτους παρασκευάζειν, ὅταν ᾖ βέλτιον
τὸ φοβεῖσθαι αὐτούς, ὅτι τοιοῦτοί εἰσιν οἷοι παθεῖν· καὶ γὰρ
ἄλλοι μείζους ἔπαθον· καὶ τοὺς τοιούτους δεικνύναι πάσχον- 10
τας ἢ πεπονθότας, καὶ ὑπὸ τοιούτων ὑφ' ὧν οὐκ ᾤοντο, καὶ
ταῦτα καὶ τότε ὅτε οὐκ ᾤοντο.

Ἐπεὶ δὲ περὶ φόβου φανερὸν τί ἐστιν, καὶ τῶν φοβερῶν,
καὶ ὡς ἕκαστοι ἔχοντες δεδίασι, φανερὸν ἐκ τούτων καὶ τὸ
θαρρεῖν τί ἐστι, καὶ περὶ ποῖα θαρραλέοι εἰσὶ καὶ πῶς διακεί- 15
μενοι θαρραλέοι εἰσίν· ... τό τε γὰρ θάρσος τὸ ἐναντίον τῷ
⟨φόβῳ καὶ τὸ θαρραλέον τῷ⟩ φοβερῷ, ὥστε μετὰ φαντασίας ἡ
ἐλπὶς τῶν σωτηρίων ὡς ἐγγὺς ὄντων, τῶν δὲ φοβερῶν ἢ μὴ
ὄντων ἢ πόρρω ὄντων.

Ἔστι δὲ θαρραλέα τά τε δεινὰ πόρρω
ὄντα ἢ τὰ σωτήρια ἐγγύς. Καὶ ἐπανορθώσεις ἂν ὦσι καὶ βοή- 20

julgamos que poderíamos sofrer, nem aqueles que não se crê que poderiam causar algum mal, nem mesmo o momento em que não poderia acontecer alguma coisa. Necessariamente, pois, os que pensam que podem sofrer algum mal temem não só as pessoas que podem causá-lo, mas também tais males e o momento da ocorrência. Não creem poder sofrer nem aqueles que estão ou parecem estar em grande prosperidade, o que os torna insolentes, desdenhosos e temerários (criam homens dessa espécie a riqueza, a força, o grande número de amigos, o poder), nem os que creem já terem sofrido todas as coisas temíveis e se tornaram indiferentes ao futuro, como os que antecipadamente recebem golpes de bastão; mas para temer é preciso guardar no íntimo alguma esperança de salvação, com respeito àquilo pelo que se luta. Eis uma prova disso: o temor nos torna aptos a deliberar; ora, ninguém delibera sobre questões sem esperança.

Assim, quando é melhor que os ouvintes sintam temor, é preciso pô-los nessa disposição de espírito, dizendo-lhes que podem sofrer algum mal, pois outros mais fortes que eles sofreram; e mostrar-lhes que pessoas como eles sofrem ou sofreram, por parte de quem não imaginavam, essas provações e em circunstâncias que não esperavam.

Como está claro em que consiste o temor, as coisas a temer e em que estado de ânimo cada um teme, é evidente, a partir disso, o que é a confiança, em que os homens são confiantes e em qual disposição de ânimo a sentem... É que a confiança é o contrário do [temor; o que inspira confiança é o contrário do] temível, de sorte que a esperança é acompanhada da suposição de que os meios de salvação estão próximos, enquanto os temíveis ou não existem, ou estão distantes.

O que inspira confiança é o distanciamento do temível e a proximidade dos meios de salvação. E igualmente se há meios de reparação e ◆ de proteção numerosos ou importantes, ou as duas coisas ao mesmo tempo; se não sofremos nem cometemos injustiça; se absolutamente não temos antagonistas, ou eles não têm poder, ou se, tendo poder, são nossos amigos, ou nos fizeram um favor ou o receberam de nós. Ou então se os que têm os

θειαι πολλαί ή μεγάλαι ή ἄμφω, καί μήτε ήδικημένοι μήτε ήδικηκότες ὦσιν, ἀνταγωνισταί τε ή μή ὦσιν ὅλως, ή μή ἔχωσιν δύναμιν, ἢ δύναμιν ἔχοντες ὦσι φίλοι ή πεποιηκότες εὖ ή πεπονθότες. Ἢ ἂν πλείους ὦσιν οἷς ταὐτὰ συμφέρει, ἢ κρείττους, ἢ ἄμφω ...

Αὐτοὶ δ' οὕτως ἔχοντες θαρραλέοι 25 εἰσίν, ἂν πολλὰ κατωρθωκέναι οἴωνται καὶ μὴ πεπονθέναι, ἢ ἐὰν πολλάκις ἐληλυθότες εἰς τὰ δεινὰ καὶ διαπεφευγότες ὦσι· διχῶς γὰρ ἀπαθεῖς γίγνονται οἱ ἄνθρωποι, ἢ τῷ μὴ πεπειρᾶσθαι ἢ τῷ βοηθείας ἔχειν, ὥσπερ ἐν τοῖς κατὰ θάλατταν κινδύνοις οἵ τε ἄπειροι χειμῶνος θαρροῦσι τὰ 30 μέλλοντα καὶ οἱ βοηθείας ἔχοντες διὰ τὴν ἐμπειρίαν. Καὶ ὅταν τοῖς ὁμοίοις φοβερὸν μὴ ᾖ, μηδὲ τοῖς ἥττοσι καὶ ὧν κρείττους οἴονται εἶναι· οἴονται δὲ ὧν κεκρατήκασιν ἢ αὐτῶν ἢ τῶν κρειττόνων ἢ τῶν ὁμοίων. Καὶ ἂν ὑπάρχειν αὐτοῖς οἴωνται πλείω καὶ μείζω, οἷς ὑπερέχοντες φοβεροί εἰσιν· 35 ταῦτα δέ ἐστι πλῆθος χρημάτων καὶ ἰσχὺς σωμάτων καὶ 1383 b φίλων καὶ χώρας καὶ τῶν πρὸς πόλεμον παρασκευῶν, ἢ πασῶν ἢ τῶν μεγίστων. Καὶ ἐὰν μὴ ἠδικηκότες ὦσιν μηδένα ἢ μὴ πολλοὺς ἢ μὴ τούτους παρ' ὧν φοβοῦνται. Καὶ ὅλως ἂν πρὸς τοὺς θεοὺς αὐτοῖς καλῶς ἔχῃ, τά τε ἄλλα καὶ τὰ ἀπὸ σημείων 5 καὶ λογίων· θαρραλέον γὰρ ἡ ὀργή, τὸ δὲ μὴ ἀδικεῖν ἀλλ' ἀδικεῖσθαι ὀργῆς ποιητικόν, τὸ δὲ θεῖον ὑπολαμβάνεται βοηθεῖν τοῖς ἀδικουμένοις. Καὶ ὅταν ἐπιχειροῦντες ἢ μηδὲν ἂν παθεῖν μηδὲ πείσεσθαι ἢ κατορθώσειν οἴωνται.

Καὶ περὶ μὲν τῶν φοβερῶν καὶ θαρραλέων εἴρηται. 10

mesmos interesses que nós são mais numerosos ou mais fortes, ou as duas coisas ao mesmo tempo.

São confiantes os que se acham nas seguintes disposições: se creem que tiveram muitos resultados felizes e nada sofreram, ou se muitas vezes chegaram a situações perigosas e escaparam, porquanto os homens são insensíveis, ou por não terem experiência, ou por disporem de proteção, assim como nos perigos do mar os inexperientes das tempestades confiam no futuro, e também confiam os que têm meios de proteção graças à sua experiência. Sentimos confiança quando não têm temor nossos semelhantes, nem nossos inferiores, nem aqueles que cremos serem superiores; ora, cremos ter superioridade sobre aqueles que vencemos, ou sobre eles próprios, ou sobre seus superiores, ou sobre seus semelhantes. Igualmente, se cremos possuir mais numerosas e mais importantes vantagens pelas quais somos temíveis por sermos superiores; tais são a abundância de bens e a superioridade de nossas tropas, de amigos, do território e de nossos preparativos militares, ou todas essas vantagens, ou as mais importantes. E se não cometemos injustiça contra ninguém, ou contra muitos, ou contra aqueles de quem sentimos temor. E, em geral, se estamos em boa situação com os deuses, tanto em outras questões, quanto nas provenientes de presságios e de oráculos, [...] Com efeito, a cólera inspira confiança; ora, não cometer injustiça mas sofrê-la causa a cólera, e supõe-se que a divindade socorre as vítimas de injustiça. Igualmente quando, ao empreendermos algo, cremos ou que nenhum mal possamos sofrer nem sofreremos, ou que teremos êxito.

E fica assim exposto o concernente ao que causa o temor e a confiança. ◆

6

Ποια δ' αἰσχύνονται καὶ ἀναισχυντοῦσιν, καὶ πρὸς τίνας καὶ πῶς ἔχοντες, ἐκ τῶνδε δῆλον. Ἔστω δὴ αἰσχύνη λύπη τις ἢ ταραχὴ περὶ τὰ εἰς ἀδοξίαν φαινόμενα φέρειν τῶν κακῶν, ἢ παρόντων ἢ γεγονότων ἢ μελλόντων, ἡ δ' ἀναισχυντία ὀλιγωρία τις καὶ ἀπάθεια περὶ τὰ αὐτὰ ταῦτα. Εἰ δὴ ἔστιν αἰσχύνη ἡ ὁρισθεῖσα, ἀνάγκη αἰσχύνεσθαι ἐπὶ τοῖς τοιούτοις τῶν κακῶν ὅσα αἰσχρὰ δοκεῖ εἶναι ἢ αὐτῷ ἢ ὧν φροντίζει· τοιαῦτα δ' ἐστὶν ὅσα ἀπὸ κακίας ἔργα ἐστίν, οἷον τὸ ἀποβαλεῖν ἀσπίδα ἢ φυγεῖν· ἀπὸ δειλίας γάρ. Καὶ τὸ ἀποστερῆσαι παρακαταθήκην ἢ ἀδικῆσαι· ἀπὸ ἀδικίας γάρ. Καὶ τὸ συγγενέσθαι οἷς οὐ δεῖ ἢ οὗ οὐ δεῖ ἢ ὅτε μὴ δεῖ· ἀπὸ ἀκολασίας γάρ. Καὶ τὸ κερδαίνειν ἀπὸ μικρῶν ἢ αἰσχρῶν ἢ ἀπὸ ἀδυνάτων, οἷον πενήτων ἢ τεθνεώτων, ὅθεν καὶ ἡ παροιμία τὸ ἀπὸ νεκροῦ φέρειν· ἀπὸ αἰσχροκερδείας γὰρ καὶ ἀνελευθερίας. Καὶ τὸ μὴ βοηθεῖν δυνάμενον εἰς χρήματα, ἢ ἧττον βοηθεῖν. Καὶ τὸ βοηθεῖσθαι παρὰ τῶν ἧττον εὐπόρων. Καὶ δανείζεσθαι ὅτε δόξει αἰτεῖν, καὶ αἰτεῖν ὅτε ἀπαιτεῖν, καὶ ἀπαιτεῖν ὅτε αἰτεῖν, καὶ ἐπαινεῖν ἵνα δόξῃ αἰτεῖν, καὶ τὸ ἀποτετυχηκότα μηδὲν ἧττον· πάντα γὰρ ἀνελευθερίας ταῦτα σημεῖα. Τὸ δ' ἐπαινεῖν παρόντας κολακείας καὶ τὸ τἀγαθὰ μὲν ὑπερεπαινεῖν τὰ δὲ φαῦλα συναλείφειν, καὶ τὸ ὑπεραλγεῖν

6
[Da vergonha e da impudência]

De que sentimos vergonha e em que nos comportamos com impudência? Diante de quais pessoas temos esses sentimentos e em que estado de ânimo? Isso ficará claro pelo que segue. Seja vergonha certa tristeza ou perturbação com respeito aos vícios presentes, passados ou futuros, que parecem levar à desonra; a impudência é certo desdém e indiferença por esses mesmos defeitos.

Se, então, a vergonha é o que definimos, necessariamente se sente vergonha diante daquelas faltas que parecem vergonhosas, seja para nós mesmos, seja para aqueles com quem nos preocupamos; ora, tais são todos os atos que provêm de um vício, por exemplo, arremessar escudo ou fugir, porque são atos de covardia. Igualmente, privar alguém de algo que lhe foi confiado em depósito, ou então cometer iniquidade, pois são atos provenientes da injustiça. Ter relações sexuais com quem não convém ou em lugar ou em momento inconvenientes, pois são atos que brotam da intemperança. Tirar proveito de coisas mesquinhas ou vergonhosas, ou de pessoas indefesas, como, por exemplo, de pobres ou de mortos; donde o provérbio "tirar de um cadáver", já que tais atos provêm da cobiça e da avareza. Não prestar auxílio em dinheiro, quando se pode, ou prestá-lo menos do que se pode. E receber auxílio de pessoas que têm menos recursos que nós. Pedir emprestado, quando julgarmos que pretendem nos pedir; pedir, quando julgarmos que procuram reclamar; reclamar, quando julgarmos que pretendem pedir; elogiar para parecer que pedimos e, após o insucesso, fazer outros tantos elogios;

ἀλγοῦντι παρόντα, καὶ τἆλλα πάντα ὅσα τοιαῦτα· κολακείας γὰρ σημεῖα.

Καὶ τὸ μὴ ὑπομένειν πόνους οὓς οἱ πρεσβύτεροι ἢ τρυφῶντες ἢ ἐν ἐξουσίᾳ μᾶλλον ὄντες ἢ ὅλως οἱ ἀδυνατώ- 1384 a τεροι· πάντα γὰρ μαλακίας σημεῖα. Καὶ τὸ ὑφ' ἑτέρου εὖ πάσχειν, καὶ τὸ πολλάκις, καὶ ὃ εὖ ἐποίησεν ὀνειδίζειν· μικροψυχίας γὰρ πάντα καὶ ταπεινότητος σημεῖα. Καὶ τὸ περὶ αὑτοῦ πάντα λέγειν καὶ ἐπαγγέλλεσθαι, καὶ τὸ τἀλλότρια 5 αὑτοῦ φάσκειν· ἀλαζονείας γάρ. Ὁμοίως δὲ καὶ ἀπὸ τῶν ἄλλων ἑκάστης τῶν τοῦ ἤθους κακιῶν τὰ ἔργα καὶ τὰ σημεῖα καὶ τὰ ὅμοια αἰσχρὰ καὶ ἀναίσχυντα. Καὶ ἐπὶ τούτοις τὸ τῶν καλῶν ὧν πάντες μετέχουσιν ἢ οἱ ὅμοιοι πάντες ἢ οἱ πλεῖστοι, μὴ μετέχειν, — ὁμοίους δὲ λέγω ὁμοεθνεῖς, πολίτας, ἡλικιώ- 10 τας, συγγενεῖς, ὅλως τοὺς ἐξ ἴσου· — αἰσχρὸν γὰρ ἤδη τὸ μὴ μετέχειν οἷον παιδεύσεως ἐπὶ τοσοῦτον καὶ τῶν ἄλλων ὁμοίως. Πάντα δὲ ταῦτα μᾶλλον, ἂν δι' ἑαυτὸν φαίνηται· οὕτω γὰρ ἤδη ἀπὸ κακίας μᾶλλον, ἂν αὐτὸς ᾖ αἴτιος τῶν ὑπαρξάντων ἢ ὑπαρχόντων ἢ μελλόντων. Πάσχοντες δὲ ἢ πεπονθότες 15 ἢ πεισόμενοι τὰ τοιαῦτα αἰσχύνονται ὅσα εἰς ἀτιμίαν φέρει καὶ ὀνείδη· ταῦτα δ' ἐστὶ τὰ εἰς ὑπηρετήσεις ἢ σώματος ἢ ἔργων αἰσχρῶν, ὧν ἐστιν τὸ ὑβρίζεσθαι. Καὶ τὰ μὲν εἰς ἀκολασίαν καὶ ἑκόντα καὶ ἄκοντα· (τὰ δ' εἰς βίαν ἄκοντα)· ἀπὸ ἀνανδρίας γὰρ ἢ δειλίας ἡ ὑπομονὴ καὶ τὸ μὴ ἀμύνεσθαι. 20

Ἃ μὲν οὖν αἰσχύνονται, ταῦτ' ἐστὶ καὶ τὰ τοιαῦτα· ἐπεὶ δὲ περὶ ἀδοξίας φαντασία ἐστὶν ἡ αἰσχύνη, καὶ ταύτης αὐτῆς χάριν ἀλλὰ μὴ τῶν ἀποβαινόντων, οὐδεὶς δὲ τῆς δόξης φροντίζει ἀλλ' ἢ διὰ τοὺς δοξάζοντας, ἀνάγκη τούτους

com efeito, tudo isso são sinais de avareza. Louvar pessoas presentes é ato de adulação, como também louvar excessivamente suas qualidades e atenuar seus defeitos, afligir-se em excesso ♦ com quem sofre, em sua presença, e todas as demais demonstrações análogas, porque são sinais de adulação.

É vergonhoso não suportar as fadigas que toleram pessoas mais velhas, ou que vivem na indolência, ou as mais afortunadas, ou, em geral, as de capacidade inferior, uma vez que tudo isso são sinais de moleza. Igualmente, receber benefícios de outro, e isso muitas vezes, e censurar o benefício recebido; todas essas atitudes manifestam mesquinhez de espírito e baixeza. Também falar continuamente de si e tudo prometer, e afirmar serem suas as vantagens alheias, são indícios de jactância. Da mesma maneira, também os atos provenientes de cada um dos vícios do caráter, assim como aqueles que são seus indícios e os que se lhes assemelham, porque todos eles são indecorosos e imprudentes. E, além disso, não participar dos bens de que todos participam, ou todos os nossos iguais, ou a maioria deles (chamo de iguais os da mesma nação, da mesma cidade, da mesma família, em geral os de igual condição); é já vergonhoso não participar, por exemplo, da educação até certo ponto, e das demais coisas igualmente.

Todos esses casos de não participação são mais vergonhosos se parecem ser motivados por nós, pois assim, desde então, parecem mais consequência de um vício, se somos pessoalmente responsáveis pelos casos passados, presentes ou futuros. As pessoas sentem vergonha quando sofrem, sofreram ou vão sofrer reveses que acarretam desonra e censuras; tais são os atos que levam a pôr nosso corpo a serviço de outrem ou a sujeitar-nos a atos vergonhosos, entre os quais está o sofrer ultrajes. O mesmo acontece com os atos que levam à intemperança, tanto os voluntários quanto os involuntários (os que levam à violência são involuntários), de fato, tolerá-los e não se defender deles resultam da falta de coragem, ou da covardia.

São essas, pois, as causas de vergonha e outras análogas. Ora, como a vergonha é uma representação concernente à má reputação, por causa desta mesma e não de suas consequências, e como ninguém se preocupa com a opinião a não ser

αἰσχύνεσθαι ὧν λόγον ἔχει. Λόγον δὲ ἔχει τῶν θαυμαζόντων, 25
καὶ οὓς θαυμάζει, καὶ ὑφ' ὧν βούλεται θαυμάζεσθαι, καὶ
πρὸς οὓς φιλοτιμεῖται, καὶ ὧν μὴ καταφρονεῖ τῆς δόξης.
Θαυμάζεσθαι μὲν οὖν βούλονται ὑπὸ τούτων καὶ θαυμάζουσι
τούτους ὅσοι τι ἔχουσιν ἀγαθὸν τῶν τιμίων, ἢ παρ' ὧν τυγχάνουσιν δεόμενοι σφόδρα τινὸς ὧν ἐκεῖνοι κύριοι, οἷον οἱ 30
ἐρῶντες· φιλοτιμοῦνται δὲ πρὸς τοὺς ὁμοίους, φροντίζουσι δ'
ὡς ἀληθευόντων τῶν φρονίμων, τοιοῦτοι δ' οἵ τε πρεσβύτεροι
καὶ οἱ πεπαιδευμένοι. Καὶ τὰ ἐν ὀφθαλμοῖς καὶ τὰ ἐν φανερῷ
μᾶλλον· ὅθεν καὶ ἡ παροιμία τὸ ἐν ὀφθαλμοῖς εἶναι αἰδῶ. Διὰ
τοῦτο τοὺς ἀεὶ παρεσομένους μᾶλλον αἰσχύνονται καὶ τοὺς 35
προσέχοντας αὐτοῖς, διὰ τὸ ἐν ὀφθαλμοῖς ἀμφότερα.
Καὶ τοὺς 1384 b
μὴ περὶ ταὐτὰ ἐνόχους· δῆλον γὰρ ὅτι τἀναντία δοκεῖ τούτοις.
Καὶ τοὺς μὴ συγγνωμονικοὺς τοῖς φαινομένοις ἁμαρτάνειν· ἃ
γάρ τις αὐτὸς ποιεῖ, ταῦτα λέγεται τοῖς πέλας οὐ νεμεσᾶν,
ὥστε ἃ μὴ ποιεῖ, δῆλον ὅτι νεμεσᾷ. Καὶ τοὺς ἐξαγγελτικοὺς 5
πολλοῖς· οὐδὲν γὰρ διαφέρει μὴ δοκεῖν ἢ μὴ ἐξαγγέλλειν.
Ἐξαγγελτικοὶ δὲ οἵ τε ἠδικημένοι διὰ τὸ παρατηρεῖν καὶ οἱ
κακολόγοι· εἴπερ γὰρ καὶ τοὺς μὴ ἁμαρτάνοντας, ἔτι μᾶλλον
τοὺς ἁμαρτάνοντας. Καὶ οἷς ἡ διατριβὴ ἐπὶ ταῖς τῶν πέλας
ἁμαρτίαις, οἷον χλευασταῖς καὶ κωμῳδοποιοῖς· κακολόγοι γάρ 10
πως οὗτοι καὶ ἐξαγγελτικοί. Καὶ ἐν οἷς μηδὲν ἀποτετυχή-
κασιν· ὥσπερ γὰρ θαυμαζόμενοι διάκεινται. Διὸ καὶ τοὺς
πρῶτον δεηθέντας τι αἰσχύνονται ὡς οὐδέν πω ἠδοξηκότες
ἐν αὐτοῖς· τοιοῦτοι δὲ οἱ ἄρτι βουλόμενοι φίλοι εἶναι (τὰ γὰρ
βέλτιστα τεθέανται· διὸ εὖ ἔχει ἡ τοῦ Εὐριπίδου ἀπόκρισις 15

por causa dos que a estabelecem, necessariamente ◆ se sente vergonha com respeito àqueles por quem se tem consideração. Ora, temos consideração pelos que nos admiram, por aqueles que admiramos, por aqueles por quem queremos ser admirados, por aqueles com quem rivalizamos e por aqueles cuja opinião não desprezamos. Deseja-se, pois, ser admirado por essas pessoas, e admiram-se todas quantas têm um bem honroso, ou aquelas de quem se deseja vivamente algum bem de que dispõem absolutamente, como, por exemplo, os amantes; rivaliza-se com seus iguais, tem-se preocupação com a opinião dos sensatos, porque dizem a verdade, e tais são os mais velhos e os instruídos. Sente-se mais vergonha dos atos que ocorrem diante dos olhos e às escâncaras; daí o provérbio "nos olhos está a vergonha". Por essa razão, sentimos mais vergonha diante dos que sempre estarão presentes e daqueles que prestam atenção em nós, porque ficamos, em ambos os casos, ante os olhos de outrem. Igualmente, diante daqueles que não são acusados das mesmas faltas que nós, pois é evidente que pensam de maneira contrária. E com respeito aos que não são propensos à indulgência para com os que eles vêem cometer faltas, pois se diz que não nos causam indignação os atos dos vizinhos que nós próprios praticamos; por conseguinte, com o que não praticamos é evidente que nos indignamos. Sente-se vergonha igualmente daqueles que procuram comunicar os fatos a muitos, uma vez que não há nenhuma diferença entre não julgar e não comunicar. São inclinados a comentários os que sofreram uma injustiça porque estão sempre à espreita dos ofensores, e também os maledicentes, porque se eles maldizem mesmo os inocentes, com maior razão maldizem os culpados. Também com respeito àqueles cuja ocupação é observar as faltas dos vizinhos, como, por exemplo, os trocistas e os poetas cômicos, visto que são, de certa maneira, maledicentes e inclinados a comentários. E aqueles junto aos quais não tivemos nenhum insucesso; de fato, somos para eles como objetos de admiração. Por isso mesmo sentimos vergonha dos que pela primeira vez nos fizeram alguma solicitação, porque pensamos que ainda não perdemos a boa reputação diante deles; tais são os que têm o desejo recente de ser nossos

πρὸς τοὺς Συρακοσίους) καὶ τῶν πάλαι γνωρίμων οἱ μηδὲν συνειδότες. Αἰσχύνονται δὲ οὐ μόνον αὐτὰ τὰ ῥηθέντα αἰσχυντηλὰ ἀλλὰ καὶ τὰ σημεῖα, οἷον οὐ μόνον ἀφροδισιάζοντες ἀλλὰ καὶ τὰ σημεῖα αὐτοῦ. Καὶ οὐ μόνον ποιοῦντες τὰ αἰσχρά, ἀλλὰ καὶ λέγοντες. Ὁμοίως δὲ οὐ τοὺς εἰρημένους 20 μόνον αἰσχύνονται, ἀλλὰ καὶ τοὺς δηλώσοντας αὐτοῖς, οἷον θεράποντας καὶ φίλους τούτων. Ὅλως δὲ οὐκ αἰσχύνονται οὔθ' ἂν πολὺ καταφρονοῦσι τῆς δόξης τοῦ ἀληθεύειν (οὐδεὶς γὰρ παιδία καὶ θηρία αἰσχύνεται) οὔτε ταὐτὰ τοὺς γνωρίμους καὶ τοὺς ἀγνῶτας, ἀλλὰ τοὺς μὲν γνωρίμους τὰ πρὸς ἀλήθειαν 25 δοκοῦντα τοὺς δ' ἄπωθεν τὰ πρὸς τὸν νόμον.

Αὐτοὶ δὲ ὧδε διακείμενοι αἰσχυνθεῖεν ἄν, πρῶτον μὲν εἰ ὑπάρχοιεν πρὸς αὐτοὺς ἔχοντες οὕτως τινὲς οἵους ἔφαμεν εἶναι οὓς αἰσχύνονται. Ἦσαν δ' οὗτοι ἢ θαυμαζόμενοι ἢ θαυμάζοντες ἢ ὑφ' ὧν βούλονται θαυμάζεσθαι, ἢ ὧν δέονταί 30 τινα χρείαν ὧν μὴ τεύξονται ἄδοξοι ὄντες, καὶ οὗτοι ἢ ὁρῶντες, ὥσπερ Κυδίας περὶ τῆς Σάμου κληρουχίας ἐδημηγόρησεν· ἠξίου γὰρ ὑπολαβεῖν τοὺς Ἀθηναίους περιεστάναι κύκλῳ τοὺς Ἕλληνας, ὡς ὁρῶντας καὶ μὴ μόνον ἀκουσομένους ἃ ἂν ψηφίσωνται, ἢ ἂν πλησίον ὦσιν οἱ τοιοῦτοι, ἢ μέλλωσιν 35 αἰσθήσεσθαι. Διὸ καὶ ὁρᾶσθαι ἀτυχοῦντες ὑπὸ τῶν ζηλούντων ποτὲ οὐ βούλονται· θαυμασταὶ γὰρ οἱ ζηλωταί. Καὶ ὅταν 1385 a ἔχωσιν ἃ καταισχύνουσιν ἔργα καὶ πράγματα ἢ αὐτῶν ἢ προγόνων ἢ ἄλλων τινῶν πρὸς οὓς ὑπάρχει αὐτοῖς ἀγχιστεία τις. Καὶ ὅλως ὑπὲρ ὧν αἰσχύνονται αὐτοί· εἰσὶ δ' οὗτοι οἱ εἰρημένοι καὶ οἱ εἰς αὐτοὺς ἀναφερόμενοι, ἢ ὧν διδάσκαλοι ἢ 5 σύμβουλοι γεγόνασιν, ἢ ἐὰν ὦσιν ἕτεροι ὅμοιοι, πρὸς οὓς

amigos (pois olham com admiração o que temos de melhor; por isso é justa a resposta de Eurípides ♦ aos siracusanos), e entre nossos antigos conhecidos aqueles que nada conhecem contra nós. Sente-se vergonha não só desses atos que foram mencionados como vergonhosos, mas também de seus sinais, por exemplo, não só dos atos de amor, mas também de seus sinais. Sente-se vergonha não só fazendo, mas também dizendo coisas vergonhosas. De maneira semelhante, sente-se vergonha não só das pessoas mencionadas, mas ainda daquelas que lhes vão revelar nossos erros, por exemplo seus servidores e amigos. Em geral, não sentimos vergonha nem diante daqueles cuja opinião relativamente à verdade menosprezamos muito (já que ninguém se envergonha diante dos jovens escravos e dos animais), nem pelas mesmas coisas, diante dos conhecidos e dos desconhecidos, mas diante dos conhecidos sentimos vergonha do que é considerado realmente vergonhoso, e, diante dos outros, mais distantes, envergonhamo-nos de coisas concernentes ao costume.

Nas seguintes disposições poder-se-ia ter vergonha: primeiro, se certas pessoas se achassem com respeito a nós assim como dizíamos estarem aquelas perante quem nos envergonhamos.

São essas, alegávamos nós, ou pessoas que admiramos, ou que nos admiram ou por quem desejamos ser admirados, ou a quem pedimos um serviço que não obteremos caso não tenhamos boa reputação, e essas são ou pessoas que nos veem (é nesse sentido que Cídias, diante do povo, falou sobre a clerúquia de Samos: pedia que os atenienses supusessem que os gregos estavam a seu redor e os viam, e isso para que não fossem apenas ouvir, posteriormente, o que eles teriam votado), ou pessoas dessa categoria que estão por perto ou que vão ter informações sobre nós. É por essa razão que não desejamos, no infortúnio, ser vistos pelos que outrora eram nossos rivais, porque os rivais são admiradores. E quando somos responsáveis por atos e coisas que nos desonram, provenientes ou de nós, ou de nossos antepassados, ou de outros com quem temos certo parentesco. E, em geral, temos vergonha daqueles perante os quais coramos: são esses os já men-

φιλοτιμοῦνται· πολλὰ γὰρ αἰσχυνόμενοι διὰ τοὺς τοιούτους καὶ ποιοῦσι καὶ οὐ ποιοῦσιν. Καὶ μέλλοντες ὁρᾶσθαι καὶ ἐν φανερῷ ἀναστρέφεσθαι τοῖς συνειδόσιν αἰσχυντηλοὶ μᾶλλον εἰσίν. Ὅθεν καὶ Ἀντιφῶν ὁ ποιητὴς μέλλων ἀποτυμ- 10
πανίζεσθαι ὑπὸ Διονυσίου εἶπεν, ἰδὼν τοὺς συναποθνῄσκειν μέλλοντας ἐγκαλυπτομένους ὡς ᾖεσαν διὰ τῶν πυλῶν, « τί ἐγκαλύπτεσθε » ἔφη· « ἢ μὴ αὔριόν τις ὑμᾶς ἴδῃ τούτων; »

Περὶ μὲν οὖν αἰσχύνης ταῦτα· περὶ δὲ ἀναισχυντίας δῆλον ὡς ἐκ τῶν ἐναντίων εὐπορήσομεν. 15

cionados e os que se relacionam conosco, ou aqueles de quem nos tornamos mestres ou conselheiros, ou outros que são nossos iguais e com os quais ◆ rivalizamos, porque, sentindo vergonha por causa de tais pessoas, praticamos ou não praticamos muitas ações. Quando devemos ser vistos e viver em público com os que conhecem nossos atos, somos mais sujeitos à vergonha. Daí o poeta Antifonte, quando ia ser açoitado por ordem de Dionísio, dizer, vendo os que iam morrer com ele cobrir o rosto ao atravessarem as portas da cidade: "Por que cobris vossos rostos? Acaso temeis que um destes vos reconheça amanhã?"

Eis, portanto, o que concerne à honra; sobre a impudência é evidente que dos contrários tiraremos abundantes premissas. ◆

7

Τίσιν δὲ χάριν ἔχουσι καὶ ἐπὶ τίσιν καὶ πῶς αὐτοὶ ἔχοντες, ὁρισαμένοις τὴν χάριν δῆλον ἔσται. Ἔστω δὴ χάρις, καθ' ἣν ὁ ἔχων λέγεται χάριν ἔχειν, ὑπουργία δεομένῳ μὴ ἀντί τινος, μηδ' ἵνα τι αὐτῷ ὑπουργοῦντι ἀλλ' ἵνα τι ἐκείνῳ· μεγάλη δὲ ἂν ᾖ σφόδρα δεομένῳ, ἢ μεγάλων καὶ χαλεπῶν, ἢ ἐν καιροῖς τοιούτοις, ἢ μόνος ἢ πρῶτος ἢ μάλιστα.

Δεήσεις δέ εἰσιν αἱ ὀρέξεις, καὶ τούτων μάλιστα αἱ μετὰ λύπης τοῦ μὴ γιγνομένου. Τοιαῦται δὲ αἱ ἐπιθυμίαι, οἷον ἔρως. Καὶ αἱ ἐν ταῖς τοῦ σώματος κακώσεσιν καὶ ἐν κινδύνοις· καὶ γὰρ ὁ κινδυνεύων ἐπιθυμεῖ καὶ ὁ λυπούμενος. Διὸ οἱ ἐν πενίᾳ παριστάμενοι καὶ φυγαῖς, κἂν μικρὰ ὑπηρετήσωσιν, διὰ τὸ μέγεθος τῆς δεήσεως καὶ τὸν καιρὸν κεχαρισμένοι, οἷον ὁ ἐν Λυκείῳ τὸν φορμὸν δούς. Ἀνάγκη οὖν μάλιστα μὲν εἰς ταῦτα ἔχειν τὴν ὑπουργίαν, εἰ δὲ μή, εἰς ἴσα ἢ μείζω.

Ὥστε ἐπεὶ φανερὸν καὶ οἷς καὶ ἐφ' οἷς γίγνεται χάρις καὶ πῶς ἔχουσι, δῆλον ὅτι ἐκ τούτων παρασκευαστέον, τοὺς μὲν δεικνύντας ἢ ὄντας ἢ γεγενημένους ἐν τοιαύτῃ λύπῃ καὶ δεήσει, τοὺς δὲ ὑπηρετηκότας ἐν τοιαύτῃ χρείᾳ τοιοῦτόν τι ἢ ὑπηρετοῦντας. Φανερὸν δὲ καὶ ὅθεν ἀφαιρεῖσθαι ἐνδέχεται τὴν χάριν καὶ ποιεῖν ἀχαρίστους· ἢ γὰρ ὅτι αὑτῶν ἕνεκα ὑπηρετοῦσιν ἢ ὑπηρέτησαν (τοῦτο δ' οὐκ ἦν χάρις) ἢ ὅτι ἀπὸ τύχης συνέπεσεν ἢ

7
[Do favor]

A quem se obsequia, em que casos e em que estado de ânimo, ficará evidente depois de termos definido o favor. Seja, então, favor o serviço pelo qual, diz-se, aquele que possui concede ao que tem necessidade, não em troca de alguma coisa, nem com o fim de obter alguma vantagem pessoal, mas no interesse do favorecido; o favor é grande, se prestado a alguém muito necessitado, ou se se trata de grandes e difíceis serviços, ou se o benfeitor é o único ou o primeiro a fazê-lo, ou aquele que por excelência o faz.

São necessidades os apetites, e destes sobretudo os que são acompanhados da tristeza da insatisfação. Tais são os desejos como, por exemplo, o amor. E também aqueles que surgem dos sofrimentos físicos e dos perigos, pois tanto sente desejo o que corre perigo quanto o que se aflige. Por isso os que auxiliam alguém na pobreza e no exílio, embora prestem pequenos serviços, são bem acolhidos em razão da grande necessidade e da ocasião, como aquele que no Liceu deu sua esteira. É forçoso, pois, que o serviço atenda sobretudo a tais necessidades, e, se não, a carências iguais ou maiores.

Assim, como é evidente a quem, em que circunstâncias e em que disposição de ânimo, se faz um favor, é claro que a partir disso se devem preparar os argumentos, mostrando que uns se acham ou se acharam em tal aflição ou necessidade, e que outros prestaram ou prestam um tal serviço, em tal necessidade. É também evidente por quais argumentos é possível anular o favor e dispensar o sentimento de gratidão: ou porque se presta ou se prestou serviço no interesse próprio (e isso, como dissemos, não é favor) ou porque ocorreu por acaso, ou ◆

συνηναγκάσθησαν, ἢ ὅτι ἀπέδωκαν ἀλλ' οὐκ ἔδωκαν, εἴτε εἰδὼς εἴτε μὴ εἰδώς· ἀμφοτέρως γὰρ τὸ ἀντί τινος, ὥστε οὐδ' οὕτως ἂν εἴη χάρις.

Καὶ περὶ ἁπάσας τὰς κατηγορίας σκεπτέον· ἡ γὰρ χάρις ἐστὶν ἢ ὅτι τοδὶ ἢ τοσόνδε ἢ τοιόνδε ἢ πότε ἢ ποῦ. 5

Σημεῖον δὲ εἰ ἔλαττον μὴ ὑπηρέτησαν, καὶ εἰ τοῖς ἐχθροῖς ἢ ταὐτὰ ἢ ἴσα ἢ μείζω· δῆλον γὰρ ὅτι οὐδὲ ταῦτα ἡμῶν ἕνεκα. Ἢ εἰ φαῦλα εἰδώς· οὐδεὶς γὰρ ὁμολογεῖ δεῖσθαι φαύλων. 10

porque as pessoas foram forçadas, ou porque devolveram mas não deram, seja com conhecimento ou não, pois de ambas as maneiras foi uma troca, de sorte que assim não poderia ser favor.

E deve-se examinar o favor relativamente a todas as categorias, já que suas causas são a peculiaridade, a quantidade, a qualidade, o tempo ou o lugar.

É sinal de favor se não se prestou um serviço de muito pouca importância, e se se prestaram aos nossos inimigos ou os mesmos serviços, ou então equivalentes ou maiores, pois evidentemente esses não teriam sido feitos em nosso interesse; ou se, ao contrário, cientemente se prestaram maus serviços, pois ninguém reconhece ter necessidade de coisas sem valor. ◆

8

Καὶ περὶ μὲν τοῦ χαρίζεσθαι καὶ ἀχαριστεῖν εἴρηται· ποῖα δ' ἐλεεινὰ καὶ τίνας ἐλεοῦσι, καὶ πῶς αὐτοὶ ἔχοντες, λέγωμεν. Ἔστω δὴ ἔλεος λύπη τις ἐπὶ φαινομένῳ κακῷ φθαρτικῷ ἢ λυπηρῷ τοῦ ἀναξίου τυγχάνειν, ὃ κἂν αὐτὸς προσδοκήσειεν ἂν παθεῖν ἢ τῶν αὐτοῦ τινα, καὶ τοῦτο ὅταν πλησίον φαίνη- 15 ται· δῆλον γὰρ ὅτι ἀνάγκη τὸν μέλλοντα ἐλεήσειν ὑπάρχειν τοιοῦτον οἷον οἴεσθαι παθεῖν ἄν τι κακὸν ἢ αὐτὸν ἢ τῶν αὐτοῦ τινα, καὶ τοιοῦτο κακὸν οἷον εἴρηται ἐν τῷ ὅρῳ ἢ ὅμοιον ἢ παραπλήσιον, διὸ οὔτε οἱ παντελῶς ἀπολωλότες ἐλεοῦσιν (οὐδὲν γὰρ ἂν ἔτι παθεῖν οἴονται· πεπόνθασι γάρ) 20 οὔτε οἱ ὑπερευδαιμονεῖν οἰόμενοι, ἀλλ' ὑβρίζουσιν· εἰ γὰρ ἅπαντα οἴονται ὑπάρχειν τἀγαθά, δῆλον ὅτι καὶ τὸ μὴ ἐνδέχεσθαι παθεῖν μηδὲν κακόν· καὶ γὰρ τοῦτο τῶν ἀγαθῶν. Εἰσὶ δὲ τοιοῦτοι οἷοι νομίζειν παθεῖν ἂν οἵ τε πεπονθότες ἤδη καὶ διαπεφευγότες, καὶ οἱ πρεσβύτεροι καὶ διὰ τὸ φρονεῖν καὶ 25 δι' ἐμπειρίαν, καὶ οἱ ἀσθενεῖς, καὶ οἱ δειλότεροι μᾶλλον, καὶ οἱ πεπαιδευμένοι· εὐλόγιστοι γάρ. Καὶ οἷς ὑπάρχουσι γονεῖς ἢ τέκνα ἢ γυναῖκες· αὐτοῦ τε γὰρ ταῦτα, καὶ οἷα παθεῖν τὰ εἰρημένα. Καὶ οἱ μήτε ἐν ἀνδρίας πάθει ὄντες, οἷον ἐν ὀργῇ ἢ θάρρει (ἀλόγιστα γὰρ τοῦ ἐσομένου ταῦτα) μήτε ἐν ὑβρισ- 30 τικῇ διαθέσει (καὶ γὰρ οὗτοι ἀλόγιστοι τοῦ πείσεσθαί τι) ἀλλ'

8
[Da compaixão]

Relativamente ao fato de prestar favor e de não retribuí-lo, já tudo foi dito; digamos agora que coisas são dignas de compaixão, por quem se tem tal sentimento e em que disposição de ânimo. Seja, então, a compaixão certo pesar por um mal que se mostra destrutivo ou penoso, e atinge quem não o merece, mal que poderia esperar sofrer a própria pessoa ou um de seus parentes, e isso quando esse mal parece iminente, com efeito, é evidentemente necessário que aquele que vai sentir compaixão esteja em tal situação que creia poder sofrer algum mal, ou ele próprio ou um de seus parentes, e um mal tal como foi dito na definição, ou semelhante ou quase igual; por isso não sentem compaixão os que estão completamente perdidos (pois acham que nada mais podem sofrer, visto que tudo já sofreram), nem os que se julgam extremamente felizes e são, ao contrário, insolentes, porque se creem ter todos os bens, evidentemente também pensam que nenhum mal pode atingi-los; de fato, esse é um dos bens. São capazes de pensar que podem sofrer aqueles que já sofreram e se livraram do mal, e os velhos por sua prudência e por sua experiência; os fracos e sobretudo os tímidos; e os homens instruídos, pois são aptos para calcular. E os que têm pais, ou filhos, ou esposas, porque esses seres são desse gênero e suscetíveis de sofrer os males citados. Igualmente, aqueles que não estão num estado de paixão capaz de incutir bravura, como os que se acham sob o domínio da cólera ou da audácia (porque essas paixões não possibilitam o cálculo do futuro), nem estão em disposição insolente (estes, com efeito, não calculam que

οἱ μεταξὺ τούτων· μήτ' αὖ φοβούμενοι σφόδρα· οὐ γὰρ ἐλεοῦσιν οἱ ἐκπεπληγμένοι διὰ τὸ εἶναι πρὸς τῷ οἰκείῳ πάθει.
Κἂν οἴωνταί τινας εἶναι τῶν ἐπιεικῶν· ὁ γὰρ μηδένα οἰόμενος
πάντας οἰήσεται ἀξίους εἶναι κακοῦ. Καὶ ὅλως δὴ ὅταν ἔχῃ 1386a
οὕτως ὥστ' ἀναμνησθῆναι τοιαῦτα συμβεβηκότα ἢ αὑτῷ ἢ τῶν
αὑτοῦ, ἢ ἐλπίσαι γενέσθαι αὑτῷ ἢ τῶν αὑτοῦ.

Ὡς μὲν οὖν ἔχοντες ἐλεοῦσιν, εἴρηται, ἃ δ' ἐλεοῦσιν, ἐκ
τοῦ ὁρισμοῦ δῆλον· ὅσα τε γὰρ τῶν λυπηρῶν καὶ ὀδυνηρῶν 5
φθαρτικά, πάντα ἐλεεινά, καὶ ὅσα ἀναιρετικά, καὶ ὅσων ἡ
τύχη αἰτία κακῶν μέγεθος ἐχόντων. Ἔστι δὲ ὀδυνηρὰ μὲν καὶ
φθαρτικὰ θάνατοι καὶ αἰκίαι σωμάτων καὶ κακώσεις καὶ γῆρας
καὶ νόσοι καὶ τροφῆς ἔνδεια, ὧν δ' ἡ τύχη αἰτία κακῶν,
ἀφιλία, ὀλιγοφιλία (διὸ καὶ τὸ διασπᾶσθαι ἀπὸ φίλων καὶ 10
συνήθων ἐλεεινόν), αἶσχος, ἀσθένεια, ἀναπηρία, καὶ τὸ ὅθεν
προσῆκεν ἀγαθόν τι ὑπάρξαι, κακόν τι συμβῆναι. Καὶ τὸ
πολλάκις τοιοῦτον. Καὶ τὸ πεπονθότος γενέσθαι τι ἀγαθόν,
οἷον Διοπείθει τὰ παρὰ βασιλέως τεθνεῶτι κατεπέμφθη.
Καὶ τὸ ἢ μηδὲν γεγενῆσθαι ἀγαθόν, ἢ γενομένων μὴ εἶναι 15
ἀπόλαυσιν.

Ἐφ' οἷς μὲν οὖν ἐλεοῦσι, ταῦτα καὶ τὰ τοιαῦτά ἐστιν·
ἐλεοῦσι δὲ τούς τε γνωρίμους, ἂν μὴ σφόδρα ἐγγὺς ὦσιν
οἰκειότητι· περὶ δὲ τούτους ὥσπερ περὶ αὑτοὺς μέλλοντας
ἔχουσιν. Διὸ καὶ ὁ Ἄμασις ἐπὶ μὲν τῷ υἱεῖ ἀγομένῳ ἐπὶ τὸ 20
ἀποθανεῖν οὐκ ἐδάκρυσεν, ὥς φασίν, ἐπὶ δὲ τῷ φίλῳ προσαι-
τοῦντι· τοῦτο μὲν γὰρ ἐλεεινόν, ἐκεῖνο δὲ δεινόν· τὸ γὰρ δεινὸν
ἕτερον τοῦ ἐλεεινοῦ καὶ ἐκκρουστικὸν τοῦ ἐλέου καὶ πολλάκις
τῷ ἐναντίῳ χρήσιμον· ⟨οὐ γὰρ⟩ ἔτι ἐλεοῦσιν ἐγγὺς αὐτοῖς τοῦ
δεινοῦ ὄντος. Καὶ τοὺς ὁμοίους ἐλεοῦσιν κατὰ ἡλικίαν, κατὰ 25

sofrerão algum mal), mas ◆ aqueles que se acham num estado intermediário; nem, por sua vez, os que sentem grande temor, pois não têm compaixão aqueles que estão assombrados, pois se ocupam do próprio sofrimento. Sente-se compaixão se se pensa que há pessoas honestas, pois quem crê não existir ninguém assim achará que todos merecem seu infortúnio. E, em geral, quando estamos em tal disposição que nos lembramos de que esses males aconteceram a nós ou a algum dos nossos, ou esperamos acontecer a nós ou a algum dos nossos.

Já está, portanto, exposto em que disposições se sente compaixão; quanto ao que inspira esse sentimento, é evidente pela definição: entre as coisas penosas e dolorosas, todas as destrutivas são dignas de compaixão; e quantas são aniquiladoras; igualmente, todos os males graves causados pela má sorte. São males dolorosos e destrutivos as mortes, os ultrajes corporais, os maus tratos, a velhice, as doenças, a falta de alimento; entre os males causados pela má sorte estão a falta ou o pequeno número de amigos (por isso mesmo é digno de lástima ser arrancado aos amigos e aos familiares), a fealdade, a debilidade, a mutilação e a ocorrência de um mal resultante do que necessariamente devia ser um bem. E igualmente o acontecer, com frequência, algo semelhante. E ainda a vinda de um bem, depois de se ter sofrido o mal, como os presentes do Grande Rei enviados a Diopites, depois de morto. Igualmente, ou nada de bom ter-nos acontecido, ou não fruirmos das coisas boas que nos ocorreram.

Os casos, portanto, em que as pessoas sentem compaixão são esses e outros semelhantes; elas se compadecem dos conhecidos, se não são parentes muito próximos; para com estes, dispõem-se assim como para consigo mesmas, se devessem sofrer provações. Por isso mesmo Amásis, ao que dizem, não chorou pelo filho quando era conduzido para a execução, mas pelo amigo que mendigava, porque este caso era digno de compaixão, enquanto aquele era terrível; o terrível é diferente do digno de compaixão; não a admite e serve muitas vezes ao sentimento contrário, porque não mais se sente compaixão quando o perigo está iminente. Temos compaixão dos que nos são semelhantes na idade, ◆ no caráter, nos hábitos, nas dignidades,

ἤθη, κατὰ ἕξεις, κατὰ ἀξιώματα, κατὰ γένη· ἐν πᾶσι γὰρ τούτοις μᾶλλον φαίνεται καὶ αὐτῷ ἂν ὑπάρξαι· ὅλως γὰρ καὶ ἐνταῦθα δεῖ λαβεῖν ὅτι, ὅσα ἐφ' αὑτῶν φοβοῦνται, ταῦτα ἐπ' ἄλλων γιγνόμενα ἐλεοῦσιν. Ἐπεὶ δ' ἐγγὺς φαινόμενα τὰ πάθη ἐλεεινά ἐστιν, τὰ δὲ μυριοστὸν ἔτος γενόμενα ἢ ἐσόμενα 30 οὔτε ἐλπίζοντες οὔτε μεμνημένοι ἢ ὅλως οὐκ ἐλεοῦσιν ἢ οὐχ ὁμοίως, ἀνάγκη τοὺς συναπεργαζομένους σχήμασι καὶ φωναῖς καὶ ἐσθῆσι καὶ ὅλως ἐν ὑποκρίσει ἐλεεινοτέρους εἶναι· ἐγγὺς γὰρ ποιοῦσι φαίνεσθαι [τὸ κακὸν] πρὸ ὀμμάτων ποιοῦντες, ἢ ὡς μέλλοντα ἢ ὡς γεγονότα. Καὶ γεγονότα ἄρτι ἢ μέλλοντα 35 διὰ ταχέων ἐλεεινότερα· διὰ τοῦτο καὶ τὰ σημεῖα, οἷον 1386 b ἐσθῆτάς τε τῶν πεπονθότων καὶ ὅσα τοιαῦτα, καὶ τὰς πράξεις καὶ λόγους καὶ ὅσα ἄλλα τῶν ἐν τῷ πάθει ὄντων, οἷον ἤδη τελευτώντων. Καὶ μάλιστα τὸ σπουδαίους εἶναι ἐν τοῖς τοιούτοις καιροῖς ὄντας ἐλεεινόν· ἅπαντα γὰρ ταῦτα διὰ 5 τὸ ἐγγὺς φαίνεσθαι μᾶλλον ποιεῖ τὸν ἔλεον, καὶ ὡς ἀναξίου ὄντος καὶ ἐν ὀφθαλμοῖς φαινομένου τοῦ πάθους.

na origem, porque em todos esses casos é mais evidente a possibilidade de também nós sofrermos os mesmos reveses, e em geral devemos admitir também aqui que tudo quanto receamos que nos aconteça causa compaixão, quando ocorre a outros. Como os infortúnios que parecem próximos são dignos de compaixão, e como, por não os esperarmos nem trazermos à memória, os que ocorreram ou ocorrerão num intervalo de mil anos absolutamente não nos causam compaixão, ou pelo menos não no mesmo grau, segue-se que necessariamente os que animam suas palavras com gestos, vozes, vestimentas e, em geral, com a capacidade teatral são mais dignos de compaixão (porque fazem parecer mais próximo o mal, pondo-o diante de nossos olhos, como algo iminente ou há pouco consumado). E o que ocorreu recentemente ou está prestes a ocorrer é mais digno de compaixão; por isso são assim também os sinais, por exemplo as vestes dos que sofreram e todas as coisas semelhantes, igualmente as ações, os discursos e tudo mais que se relaciona com os que estão sofrendo, por exemplo os moribundos. E é sobretudo digno de compaixão o fato de serem honestas as pessoas que estão em tais circunstâncias, pois todos esses fatos, por parecerem próximos, avivam nossa compaixão, uma vez que o infortúnio é imerecido e aparece diante de nossos olhos. ◆

9

Ἀντίκειται δὲ τῷ ἐλεεῖν μάλιστα μὲν ὃ καλοῦσι νεμεσᾶν· τῷ γὰρ λυπεῖσθαι ἐπὶ ταῖς ἀναξίαις κακοπραγίαις ἀντικείμενόν ἐστι τρόπον τινὰ καὶ ἀπὸ τοῦ αὐτοῦ ἤθους τὸ λυπεῖσθαι ἐπὶ ταῖς ἀναξίαις εὐπραγίαις. Καὶ ἄμφω τὰ πάθη ἤθους χρηστοῦ· δεῖ γὰρ ἐπὶ μὲν τοῖς ἀναξίως πράττουσι κακῶς συνάχθεσθαι καὶ ἐλεεῖν, τοῖς δὲ εὖ νεμεσᾶν· ἄδικον γὰρ τὸ παρὰ τὴν ἀξίαν γιγνόμενον, διὸ καὶ τοῖς θεοῖς ἀποδίδομεν τὸ νεμεσᾶν.

Δόξειε δ' ἂν καὶ ὁ φθόνος τῷ ἐλεεῖν τὸν αὐτὸν ἀντικεῖσθαι τρόπον ὡς σύνεγγυς ὢν καὶ ταὐτὸν τῷ νεμεσᾶν, ἔστι δ' ἕτερον· λύπη μὲν γὰρ ταραχώδης καὶ ὁ φθόνος ἐστὶν καὶ ἐπὶ εὐπραγίᾳ, ἀλλ' οὐ τοῦ ἀναξίου ἀλλὰ τοῦ ἴσου καὶ ὁμοίου. Τὸ δὲ μὴ ὅτι αὐτῷ τι συμβήσεται ἕτερον, ἀλλὰ δι' αὐτὸν τὸν πλησίον, ἅπασιν ὁμοίως δεῖ ὑπάρχειν· οὐ γὰρ ἔτι ἔσται τὸ μὲν φθόνος, τὸ δὲ νέμεσις, ἀλλὰ φόβος, ἐὰν διὰ τοῦτο ἡ λύπη ὑπάρχῃ καὶ ἡ ταραχή, ὅτι αὐτῷ τι ἔσται φαῦλον ἀπὸ τῆς ἐκείνου εὐπραξίας.

Φανερὸν δ' ὅτι ἀκολουθήσει καὶ τὰ ἐναντία πάθη τούτοις· ὁ μὲν γὰρ λυπούμενος ἐπὶ τοῖς ἀναξίως κακοπραγοῦσιν ἡσθήσεται ἢ ἄλυπος ἔσται ἐπὶ τοῖς ἐναντίως κακοπραγοῦσιν, οἷον τοὺς πατραλοίας καὶ μιαιφόνους, ὅταν τύχωσι τιμωρίας, οὐδεὶς ἂν λυπηθείη χρηστός· δεῖ γὰρ χαίρειν ἐπὶ τοῖς τοιούτοις, ὡς δ' αὕτως καὶ ἐπὶ τοῖς

9
[Da indignação]

Opõe-se à compaixão sobretudo o que se chama indignação; com efeito, ao sentimento de pesar pelos infortúnios imerecidos contrapõe-se, de certa maneira, e procede do mesmo caráter, o pesar pelos sucessos imerecidos. Ambos os sentimentos decorrem de um caráter honesto. Deve-se sentir aflição e compaixão pelos que são infelizes sem o merecer, e indignação pelos que imerecidamente são felizes. De fato, é injusto o que acontece contrariamente ao mérito e, por isso mesmo, atribuímos aos deuses a indignação.

Poderia também parecer que a inveja se opõe da mesma maneira à compaixão, por estar bem próxima da indignação e identificar-se com ela, mas é diferente, porque a inveja é também um pesar perturbador ante um sucesso, entretanto não de pessoa indigna, mas igual e semelhante a nós. Ora, todos os que sentem inveja e indignação devem ter isto em comum: experimentar tais sentimentos não porque vai acontecer-lhes algum mal, mas por interesse do próximo; pois não haverá inveja ou indignação, mas medo, se a causa da dor e da turbação for a possível consequência, para nós, da felicidade alheia.

É evidente que a essas emoções seguirão as contrárias, pois quem sente pesar pelos que imerecidamente são infelizes se alegrará, ou pelo menos não experimentará pesar pelos que merecidamente são infelizes; por exemplo, nenhuma pessoa de bem se aflige quando os parricidas e os assassinos recebem castigos; com efeito, deve-se sentir regozijo com tais acontecimentos, assim como perante ◆

εὖ πράττουσι κατ' ἀξίαν· ἄμφω γὰρ δίκαια, καὶ ποιεῖ χαίρειν τὸν ἐπιεικῆ· ἀνάγκη γὰρ ἐλπίζειν ὑπάρξαι ἂν ἅπερ τῷ ὁμοίῳ 30 καὶ αὐτῷ. Καὶ ἔστιν τοῦ αὐτοῦ ἤθους ἅπαντα ταῦτα, τὰ δ' ἐναντία τοῦ ἐναντίου· ὁ γὰρ αὐτός ἐστιν ἐπιχαιρέκακος καὶ φθονερός· ἐφ' ᾧ γάρ τις λυπεῖται γιγνομένῳ καὶ ὑπάρχοντι, 1387 ἀναγκαῖον τοῦτον ἐπὶ τῇ στερήσει καὶ τῇ φθορᾷ τῇ τούτου χαίρειν. Διὸ κωλυτικὰ μὲν ἐλέου πάντα ταῦτ' ἐστί, διαφέρει δὲ διὰ τὰς εἰρημένας αἰτίας, ὥστε πρὸς τὸ μὴ ἐλεεινὰ ποιεῖν ἅπαντα ὁμοίως χρήσιμα. 5
Πρῶτον μὲν οὖν περὶ τοῦ νεμεσᾶν λέγωμεν, τίσιν τε νεμεσῶσι καὶ ἐπὶ τίσι καὶ πῶς ἔχοντες αὐτοί, εἶτα μετὰ ταῦτα περὶ τῶν ἄλλων. Φανερὸν δ' ἐκ τῶν εἰρημένων· εἰ γάρ ἐστι τὸ νεμεσᾶν λυπεῖσθαι ἐπὶ τῷ φαινομένῳ ἀναξίως εὐπραγεῖν, πρῶτον μὲν δῆλον ὅτι οὐχ οἷόν τ' ἐπὶ πᾶσι τοῖς ἀγαθοῖς 10 νεμεσᾶν· οὐ γὰρ εἰ δίκαιος ἢ ἀνδρεῖος, ἢ εἰ ἀρετὴν λήψεται, νεμεσήσει τούτῳ (οὐδὲ γὰρ ἔλεοι ἐπὶ τοῖς ἐναντίοις τούτων εἰσίν), ἀλλὰ ἐπὶ πλούτῳ καὶ δυνάμει καὶ τοῖς τοιούτοις, ὅσων ὡς ἁπλῶς εἰπεῖν ἄξιοί εἰσιν οἱ ἀγαθοὶ οὐδ' εἰ τὰ φύσει ἔχουσιν ἀγαθά, οἷον εὐγένειαν καὶ κάλλος καὶ ὅσα τοιαῦτα. Ἐπεὶ δὲ 15 τὸ ἀρχαῖον ἐγγύς τι φαίνεται τοῦ φύσει, ἀνάγκη τοῖς ταὐτὸ ἔχουσιν ἀγαθόν, ἐὰν νεωστὶ ἔχοντες τυγχάνωσι καὶ διὰ τοῦτο εὐπραγῶσι, μᾶλλον νεμεσᾶν· μᾶλλον γὰρ λυποῦσιν οἱ νεωστὶ πλουτοῦντες τῶν πάλαι καὶ διὰ γένος· ὁμοίως δὲ καὶ ἄρχοντες καὶ δυνάμενοι καὶ πολύφιλοι καὶ εὔτεκνοι καὶ ὁτιοῦν τῶν 20 τοιούτων. Καὶ ἂν διὰ ταῦτα ἄλλο τι ἀγαθὸν γίγνηται αὐτοῖς, ὡσαύτως· καὶ γὰρ ἐνταῦθα μᾶλλον λυποῦσιν οἱ νεόπλουτοι ἄρχοντες διὰ τὸν πλοῦτον ἢ οἱ ἀρχαιόπλουτοι. Ὁμοίως δὲ καὶ

os que merecidamente são felizes; de fato, os dois sentimentos são justos e causam alegria à pessoa de bem, forçosamente ela espera que lhe aconteça o que aconteceu a seu semelhante. E são próprios do mesmo caráter todos esses sentimentos; e seus contrários, do caráter contrário; é a mesma pessoa, com efeito, a que se regozija com o mal e é invejosa, pois necessariamente ela se alegra pela privação e pela perda daquele bem pelo qual se sente pesar, quando ocorre e quando pertence a outrem. Por isso todos esses sentimentos são obstáculos à compaixão, mas diferem pelas razões já referidas, de sorte que para tornar as coisas indignas de compaixão todos são igualmente úteis.

Falemos então, primeiramente, sobre a indignação, contra quem as pessoas se indignam, por quais razões e em que disposição; depois, na sequência, sobre os demais pontos. Pelo exposto é isso evidente, porque se a indignação é sentimento de pesar por quem parece ser feliz imerecidamente, fica claro, em primeiro lugar, que não é possível indignar-se contra todos os bens; de fato, se uma pessoa é justa ou corajosa, ou se deve alcançar uma virtude, não se sentirá indignação contra ela (pois nem há sentimentos de compaixão causados pelos defeitos contrários a essas qualidades) mas sim pela riqueza, pelo poder e por coisas análogas das quais, para falar sem rodeios, são merecedores os bons; também não se experimenta indignação contra os que possuem os bens naturais, tais como nobreza, beleza e outros semelhantes. E como o antigo parece ser algo próximo do natural, segue-se necessariamente que contra os que têm o mesmo bem, se por acaso o têm há pouco tempo e graças a ele são felizes, sente-se maior indignação; causam maior pesar os novos ricos do que os que são ricos há muito tempo e por nascimento; da mesma maneira também os que têm autoridade, poder, muitos amigos, bons filhos e qualquer bem desse gênero. E assim também se, por causa dessas vantagens, um outro bem lhes advém. De fato, maior pesar causam então os novos ricos que têm autoridade em razão de sua riqueza do que os antigos ricos. E sucede o mesmo ♦ nos demais casos. A razão é que uns parecem possuir bens que lhes são próprios

ἐπὶ τῶν ἄλλων. Αἴτιον δ' ὅτι οἱ μὲν δοκοῦσι τὰ αὐτῶν ἔχειν οἱ δ' οὔ· τὸ γὰρ ἀεὶ οὕτω φαινόμενον ἔχειν ἀληθὲς δοκεῖ, ὥστε 25 οἱ ἕτεροι οὐ τὰ αὐτῶν ἔχειν. Καὶ ἐπεὶ ἕκαστον τῶν ἀγαθῶν οὐ τοῦ τυχόντος ἄξιον, ἀλλά τις ἔστιν ἀναλογία καὶ τὸ ἁρμόττον, οἷον ὅπλων κάλλος οὐ τῷ δικαίῳ ἁρμόττει ἀλλὰ τῷ ἀνδρείῳ, καὶ γάμοι διαφέροντες οὐ τοῖς νεωστὶ πλουσίοις ἀλλὰ τοῖς εὐγενέσιν, ἂν οὖν ἀγαθὸς ὢν μὴ τοῦ ἁρμόττοντος τυγχάνῃ, 30 νεμεσητόν. Καὶ τὸν ἥττω τῷ κρείττονι ἀμφισβητεῖν, μάλιστα μὲν οὖν τοὺς ἐν τῷ αὐτῷ, ὅθεν καὶ τοῦτ' εἴρηται

Αἴαντος δ' ἀλέεινε μάχην Τελαμωνιάδαο·
Ζεὺς γάρ οἱ νεμέσασχ', ὅτ' ἀμείνονι φωτὶ μάχοιτο.

Εἰ δὲ μή, κἂν ὁπωσοῦν ὁ ἥττων τῷ κρείττονι, οἷον εἰ ὁ 1387 μουσικὸς τῷ δικαίῳ· βέλτιον γὰρ ἡ δικαιοσύνη τῆς μουσικῆς.

Οἷς μὲν οὖν νεμεσῶσι καὶ διὰ τί, ἐκ τούτων δῆλον· ταῦτα γὰρ καὶ τὰ τοιαῦτά ἐστιν. Αὐτοὶ δὲ νεμεσητικοί εἰσιν, ἐὰν 5 ἄξιοι τυγχάνωσιν ὄντες τῶν μεγίστων ἀγαθῶν καὶ ταῦτα κεκτημένοι· τὸ γὰρ τῶν ὁμοίων ἠξιῶσθαι τοὺς μὴ ὁμοίους οὐ δίκαιον. Δεύτερον δέ, ἂν ὄντες ἀγαθοὶ καὶ σπουδαῖοι τυγχάνωσιν· κρινοῦσί τε γὰρ εὖ, καὶ τὰ ἄδικα μισοῦσι. Καὶ ἐὰν φιλότιμοι καὶ ὀρεγόμενοί τινων πραγμάτων, καὶ μάλιστα περὶ 10 ταῦτα φιλότιμοι ὦσιν ὧν ἕτεροι ἀνάξιοι ὄντες τυγχάνουσιν. Καὶ ὅλως οἱ ἀξιοῦντες αὐτοὶ αὐτοὺς ὧν ἑτέρους μὴ ἀξιοῦσι, νεμεσητικοὶ τούτοις καὶ τούτων. Διὸ καὶ οἱ ἀνδραποδώδεις καὶ φαῦλοι καὶ ἀφιλότιμοι οὐ νεμεσητικοί· οὐδὲν γάρ ἐστιν οὗ ἑαυτοὺς οἴονται ἀξίους εἶναι. 15

e os outros não, pois o que é sempre visto do mesmo modo parece verdadeiro, de sorte que os demais parecem ter posse do que não lhes pertence. E como não é todo bem que convém a qualquer um, mas há certa correlação e adequação (por exemplo, a beleza das armas não convém ao homem justo, mas ao corajoso, e os matrimônios distintos não condizem com os novos ricos, mas com os de nobre nascimento), se alguém, mesmo sendo bom, não alcança o que lhe convém, isso provoca justa indignação. E ainda quando o inferior contesta o superior, principalmente se pertencem à mesma classe de homens, daí se dizer também (*Il.* XI 542-3):

> Evitava o combate contra Ájax, filho de Telamon, pois Zeus se indignava contra ele, quando lutava com um herói superior.

E, se não, também quando o inferior de alguma maneira contesta o superior, por exemplo o músico ao homem justo, porque a justiça é superior à música.

Contra quem se sente indignação e por quais motivos, fica claro pelo exposto: são os motivos referidos e os que se lhes assemelham. As pessoas se mostram inclinadas à indignação, embora sejam dignas de maiores bens e já os possuam, porque não é justo que os não semelhantes a elas sejam considerados dignos de bens semelhantes aos seus. Em segundo lugar, se por acaso são boas e honestas, visto que julgam bem e odeiam a injustiça. E se são ambiciosas e ávidas de certas vantagens, principalmente se ambicionam o que outras obtêm sem merecer. E, em geral, nem aqueles que se julgam dignos das vantagens que, em sua opinião, outros não merecem são propensos à indignação contra estes e pelos bens em questão. Por isso mesmo os de caráter servil, os inferiores e os desprovidos de ambição não são inclinados à indignação, porque não há nada que eles creem merecer. ◆

É evidente, pelo exposto, perante que espécie de pessoas malfadadas, infelizes ou malogradas devemos regozijar-nos ou ficar pesarosos. De fato, após o que foi dito, os contrários são evidentes; assim, se o discurso prepara os juízes nesse espíri-

Φανερὸν δ' ἐκ τούτων ἐπὶ ποίοις ἀτυχοῦσι καὶ κακοπραγοῦσιν ἢ μὴ τυγχάνουσι χαίρειν ἢ ἀλύπως ἔχειν δεῖ· ἐκ γὰρ τῶν εἰρημένων τὰ ἀντικείμενά ἐστιν δῆλα, ὥστ' ἐὰν τούς τε κριτὰς τοιούτους παρασκευάσῃ ὁ λόγος, καὶ τοὺς ἀξιοῦντας ἐλεεῖσθαι, καὶ ἐφ' οἷς ἐλεεῖσθαι, δείξῃ ἀναξίους ὄντας τυγ- 20 χάνειν ἀξίους δὲ μὴ τυγχάνειν, ἀδύνατον ἐλεεῖν.

to e demonstra que as pessoas que pretendem provocar sua compaixão, tanto quanto as razões pelas quais elas o fazem, não são dignas de obtê-la, mas ao contrário merecem não alcançá-la, é impossível que se sinta compaixão. ◆

10

Δῆλον δὲ καὶ ἐπὶ τίσι φθονοῦσι καὶ τίσι καὶ πῶς ἔχοντες, εἴπερ ἐστὶν ὁ φθόνος λύπη τις ἐπὶ εὐπραγίᾳ φαινομένῃ τῶν εἰρημένων ἀγαθῶν περὶ τοὺς ὁμοίους, μὴ ἵνα τι αὐτῷ, ἀλλὰ δι' ἐκείνους· 25
Φθονήσουσι μὲν γὰρ οἱ τοιοῦτοι οἷς εἰσί τινες ὅμοιοι ἢ φαίνονται. Ὁμοίους δὲ λέγω κατὰ γένος, κατὰ συγγένειαν, καθ' ἡλικίας, κατὰ ἕξεις, κατὰ δόξαν, κατὰ τὰ ὑπάρχοντα. Καὶ οἷς μικροῦ ἐλλείπει τὸ μὴ πάντα ὑπάρχειν· (διὸ οἱ μεγάλα πράττοντες καὶ οἱ εὐτυχοῦντες φθονεροί εἰσιν) πάντας γὰρ οἴονται τὰ αὐτῶν φέρειν. Καὶ οἱ τιμώμενοι ἐπί 30 τινι διαφερόντως, καὶ μάλιστα ἐπὶ σοφίᾳ ἢ εὐδαιμονίᾳ. Καὶ οἱ φιλότιμοι φθονερώτεροι τῶν ἀφιλοτίμων. Καὶ οἱ δοξόσοφοι· φιλότιμοι γὰρ ἐπὶ σοφίᾳ. Καὶ ὅλως οἱ φιλόδοξοι περί τι φθονεροὶ περὶ τοῦτο. Καὶ οἱ μικρόψυχοι· πάντα γὰρ μεγάλα δοκεῖ αὐτοῖς εἶναι.

'Εφ' οἷς δὲ φθονοῦσι, τὰ μὲν ἀγαθὰ εἴρηται· 35
ἐφ' οἷς γὰρ φιλοδοξοῦσι καὶ φιλοτιμοῦνται ἔργοις ἢ κτήμασι 1388 a
καὶ ὀρέγονται δόξης, καὶ ὅσα εὐτυχήματά ἐστιν, σχεδὸν περὶ
πάντα φθόνος ἐστί, καὶ μάλιστα ὧν αὐτοὶ ἢ ὀρέγονται ἢ
οἴονται δεῖν αὐτοὺς ἔχειν, ἢ ὧν τῇ κτήσει μικρῷ ὑπερέχουσιν
ἢ μικρῷ ἐλλείπουσιν.

10
[Da inveja]

É evidente também por quais razões se sente inveja, contra quem e em que estado de ânimo, se é verdade que a inveja é certo pesar pelo sucesso evidente dos bens já referidos, em relação aos nossos iguais, não visando ao nosso interesse, mas por causa deles.

Tais pessoas, com efeito, sentirão inveja das que são iguais a elas ou parecem sê-lo. Chamo iguais aos semelhantes em nascimento, parentesco, idade, hábitos, reputação e bens. São igualmente invejosos aqueles a quem pouco falta para possuírem tudo (por isso os que fazem grandes coisas e os felizes são invejosos), pois creem que todos tentam arrebatar o que lhes pertence. E os que obtêm distinções especiais por alguma razão, principalmente por sua sabedoria ou por sua felicidade. Também os ambiciosos são mais invejosos que os homens sem ambição. E aqueles que se julgam sábios, porque são ambiciosos do saber. E, em geral, os que ambicionam a glória em vista de uma coisa, são invejosos relativamente a essa coisa. Igualmente os de espírito mesquinho, pois tudo lhes parece grande.

Entre os objetos de inveja, os bens já foram citados; de fato, no que concerne aos atos e aos bens, pelos quais buscamos a fama e a consideração, e desejamos a glória, como também relativamente a quantos têm resultado feliz, quase todos dão origem à inveja, principalmente aqueles que nós próprios ou desejamos, ou cremos que devem pertencer-nos, ou aqueles por cuja aquisição aumentamos um pouco nossa superioridade ou diminuímos um pouco nossa inferioridade. ◆

Φανερὸν δὲ καὶ οἷς φθονοῦσιν· ἅμα γὰρ 5
εἴρηται· τοῖς γὰρ ἐγγὺς καὶ χρόνῳ καὶ τόπῳ καὶ ἡλικίᾳ καὶ
δόξῃ ⟨καὶ γένει⟩ φθονοῦσιν. Ὅθεν εἴρηται

τὸ συγγενὲς γὰρ καὶ φθονεῖν ἐπίσταται.

Καὶ πρὸς οὓς φιλοτιμοῦνται· φιλοτιμοῦνται γὰρ πρὸς τοὺς
εἰρημένους, πρὸς δὲ τοὺς μυριοστὸν ἔτος ὄντας ἢ πρὸς τοὺς 10
ἐσομένους ἢ τεθνεῶτας οὐδείς, οὐδὲ πρὸς τοὺς ἐφ' Ἡρα-
κλείαις στήλαις. Οὐδ' ἂν πολὺ οἴονται παρ' αὐτοῖς ἢ παρὰ
τοῖς ἄλλοις λείπεσθαι, οὐδ' ἂν πολὺ ὑπερέχειν, ὡσαύτως καὶ
πρὸς τοὺς περὶ τὰ τοιαῦτα. Ἐπεὶ δὲ πρὸς τοὺς ἀνταγωνιστὰς
καὶ ἀντεραστὰς καὶ ὅλως τοὺς τῶν αὐτῶν ἐφιεμένους φιλοτι- 15
μοῦνται, ἀνάγκη μάλιστα τούτοις φθονεῖν, διόπερ εἴρηται

καὶ κεραμεὺς κεραμεῖ.

Καὶ ὧν ἢ κεκτημένων ἢ κατορθούντων ὄνειδος αὐτοῖς· εἰσὶν
δὲ καὶ οὗτοι ⟨οἱ⟩ ἐγγὺς καὶ ὅμοιοι· δῆλον γὰρ ὅτι παρ' αὐτοὺς
οὐ τυγχάνουσι τοῦ ἀγαθοῦ, ὥστε τοῦτο λυποῦν ποιεῖ τὸν 20
φθόνον. Καὶ τοῖς ἢ ἔχουσι ταῦτα ἢ κεκτημένοις ὅσα αὐτοῖς
προσῆκεν ἢ κέκτηντό ποτε· διὸ πρεσβύτεροί τε νεωτέροις, καὶ
οἱ πολλὰ δαπανήσαντες εἰς ταὐτὸ τοῖς ὀλίγα φθονοῦσιν. Καὶ
τοῖς ταχὺ οἱ μήπω τυχόντες ἢ μὴ τυχόντες φθονοῦσιν.

Δῆλον
δὲ καὶ ἐφ' οἷς χαίρουσιν οἱ τοιοῦτοι καὶ ἐπὶ τίσι καὶ πῶς 25
ἔχοντες· ὡς γὰρ ἔχοντες λυποῦνται, οὕτως ἔχοντες ἐπὶ τοῖς
ἐναντίοις ἡσθήσονται, ὥστε ἂν αὐτοὶ μὲν παρασκευασθῶσιν
οὕτως ἔχειν, οἱ δ' ἐλεεῖσθαι ἢ τυγχάνειν τινὸς ἀγαθοῦ ἀξιού-
μενοι ὦσιν οἷοι οἱ εἰρημένοι, δῆλον ὡς οὐ τεύξονται ἐλέου
παρὰ τῶν κυρίων. 30

É evidente também de que pessoas se tem inveja, pois isso já foi exposto conjuntamente: com efeito, invejam-se os que estão próximos pelo tempo, lugar, idade, fama [e nascimento]. Donde se disse (Ésquilo, fr. 305, Nauck 2):

Porque a parentela sabe também invejar.

É ainda evidente com quem competimos, pois competimos com os já mencionados, mas ninguém com aqueles que viviam há dez mil anos, ou com os pósteros, ou com os mortos, nem com os que vivem nas Colunas de Hércules. Não competimos também com aqueles aos quais nos consideramos, por juízo próprio ou de outros, muito inferiores, ou muito superiores, e da mesma maneira com os que estão em condições análogas. Ora, uma vez que competimos com os adversários nos jogos e com os rivais no amor e, em geral, com os que têm as mesmas aspirações, é forçosamente contra eles que sobretudo sentimos inveja, por essa razão se disse (cf. 1381 b17):

Também o oleiro [inveja] o oleiro.

Igualmente invejamos aqueles que nos envergonham, seja por suas aquisições, seja por seus êxitos, são eles os de nosso ambiente ou nossos iguais, pois assim fica claro que por falha nossa não obtemos o mesmo bem, de sorte que esse pensamento, causando pesar, cria a inveja. Igualmente invejamos os que possuem ou adquiriram aquilo que nos cabia ou tínhamos possuído um dia; por isso os velhos invejam os jovens, e os que gastaram muito aos que pouco despenderam para a mesma coisa. E aos que rapidamente alcançam um objetivo invejam os que ainda não o alcançaram, ou de modo nenhum chegaram a ele.

Vê-se claramente também com que se regozijam tais pessoas, com quem e em que disposição de ânimo; com efeito, na disposição em que sentem pesar, assim sentirão alegria com as coisas contrárias, de sorte que, se os ouvintes são postos nesse estado de espírito, e se aqueles que pretendem inspirar compaixão ou obter um bem são como os citados anteriormente, é claro que não obterão a compaixão dos que têm autoridade para concedê-la. ◆

11

Πῶς δὲ ἔχοντες ζηλοῦσι καὶ τὰ ποῖα καὶ ἐπὶ τίσιν, ἐνθένδ᾽ ἐστὶ δῆλον· εἰ γάρ ἐστιν ζῆλος λύπη τις ἐπὶ φαινομένῃ παρουσίᾳ ἀγαθῶν ἐντίμων καὶ ἐνδεχομένων αὐτῷ λαβεῖν περὶ τοὺς ὁμοίους τῇ φύσει, οὐχ ὅτι ἄλλῳ ἀλλ᾽ ὅτι οὐχὶ καὶ αὐτῷ ἔστιν, (διὸ καὶ ἐπιεικής ἐστιν ὁ ζῆλος καὶ ἐπιεικῶν, τὸ δὲ 35 φθονεῖν φαῦλον καὶ φαύλων· ὁ μὲν γὰρ αὑτὸν παρασκευάζει διὰ τὸν ζῆλον τυγχάνειν τῶν ἀγαθῶν, ὁ δὲ τὸν πλησίον μὴ ἔχειν διὰ τὸν φθόνον), ἀνάγκη δὴ ζηλωτικοὺς μὲν εἶναι τοὺς ἀξιοῦντας αὑτοὺς ἀγαθῶν ὧν μὴ ἔχουσιν· ⟨ἐνδεχομένων αὐ- 1388 b τοῖς λαβεῖν⟩, οὐδεὶς γὰρ ἀξιοῖ τὰ φαινόμενα ἀδύνατα.

Διὸ οἱ νέοι καὶ οἱ μεγαλόψυχοι τοιοῦτοι. Καὶ οἷς ὑπάρχει τοιαῦτα ἀγαθὰ ἃ τῶν ἐντίμων ἄξιά ἐστιν ἀνδρῶν· ἔστι δὲ ταῦτα πλοῦτος καὶ πολυφιλία καὶ ἀρχαὶ καὶ ὅσα τοιαῦτα· ὡς γὰρ 5 προσῆκον αὐτοῖς ἀγαθοῖς εἶναι, ὅτι προσῆκε τοῖς ἀγαθῶς ἔχουσι, ζηλοῦσι τὰ τοιαῦτα τῶν ἀγαθῶν. Καὶ οὓς οἱ ἄλλοι ἀξιοῦσιν. Καὶ ὧν πρόγονοι ἢ συγγενεῖς ἢ οἰκεῖοι ἢ τὸ ἔθνος ἢ ἡ πόλις ἔντιμοι, ζηλωτικοὶ περὶ ταῦτα· οἰκεῖα γὰρ οἴονται αὐτοῖς εἶναι, καὶ ἄξιοι τούτων. Εἰ δ᾽ ἐστὶν ζηλωτὰ τὰ ἔντιμα 10 ἀγαθά, ἀνάγκη τάς τε ἀρετὰς εἶναι τοιαύτας, καὶ ὅσα τοῖς

11
[Da emulação e do desprezo]

Em que estado de ânimo se tem emulação, em relação a que coisas e por quais razões, ficará claro a seguir: suponhamos que a emulação seja certo pesar pela presença manifesta de bens valiosos que nos é possível adquirir, sentido com respeito aos que são por natureza nossos semelhantes, não porque esses bens pertencem a um outro, mas porque não nos pertencem também (por isso a competição é um sentimento digno e próprio de pessoas dignas, enquanto a inveja é vil e peculiar aos espíritos vis; com efeito, um se dispõe, pela emulação, a obter os bens, o outro, pela inveja, a impedir que o próximo os possua). Necessariamente, pois, são inclinados à emulação os que se julgam dignos de bens que não possuem (sendo-lhes possível adquiri-los). De fato, ninguém pretende o que é manifestamente impossível.

Por essa razão, os jovens e os magnânimos têm tais sentimentos. Igualmente aqueles que possuem bens são dignos de homens honrados; esses bens são a riqueza, o grande número de amigos, os cargos públicos e todos os bens análogos; com efeito, como lhes convém serem virtuosos porque tais bens seriam adequados aos que são virtuosos, bens dessa natureza excitam sua emulação. Igualmente aqueles que os outros julgam dignos desses bens. E aqueles cujos antepassados, ou parentes, ou familiares, ou a nação, ou a cidade são dignificados, mostram se inclinados à emulação por essas coisas; com efeito, creem que elas são privativas deles e eles são dignos delas. Se são invejáveis os bens honrosos, forçosamente as virtudes são também invejáveis, assim como tudo o que é ♦ útil e bené-

ἄλλοις ὠφέλιμα καὶ εὐεργετικά· τιμῶσι γὰρ τοὺς εὐεργετοῦντας καὶ τοὺς ἀγαθούς· καὶ ὅσων ἀγαθῶν ἀπόλαυσις τοῖς πλησίον ἐστίν, οἷον πλοῦτος καὶ κάλλος μᾶλλον ὑγιείας.

Φανερὸν δὲ καὶ οἱ ζηλωτοὶ τίνες· οἱ γὰρ ταῦτα καὶ τὰ τοιαῦτα κεκτημένοι ζηλωτοί. Ἔστι δὲ ταῦτα τὰ εἰρημένα, οἷον ἀνδρία σοφία ἀρχή· οἱ γὰρ ἄρχοντες πολλοὺς δύνανται εὖ ποιεῖν, στρατηγοί, ῥήτορες, πάντες οἱ τὰ τοιαῦτα δυνάμενοι. Καὶ οἷς πολλοὶ ὅμοιοι βούλονται εἶναι, ἢ πολλοὶ γνώριμοι, ἢ φίλοι πολλοί. Ἢ οὓς πολλοὶ θαυμάζουσιν, ἢ οὓς αὐτοὶ θαυμάζουσιν. Καὶ ὧν ἔπαινοι καὶ ἐγκώμια λέγονται ἢ ὑπὸ ποιητῶν ἢ λογογράφων. 15

20

Καταφρονοῦσιν δὲ τῶν ἐναντίων· ἐναντίον γὰρ ζήλῳ καταφρόνησίς ἐστι, καὶ τὸ ζηλοῦν τῷ καταφρονεῖν. Ἀνάγκη δὲ τοὺς οὕτως ἔχοντας ὥστε ζηλῶσαί τινας ἢ ζηλοῦσθαι, καταφρονητικοὺς εἶναι τούτων τε καὶ ἐπὶ τούτοις ὅσοι τὰ ἐναντία κακὰ ἔχουσι τῶν ἀγαθῶν τῶν ζηλωτῶν. Διὸ πολλάκις καταφρονοῦσιν τῶν εὐτυχούντων, ὅταν ἄνευ τῶν ἐντίμων ἀγαθῶν ὑπάρχῃ αὐτοῖς ἡ τύχη. 25

Δι' ὧν μὲν οὖν τὰ πάθη ἐγγίγνεται καὶ διαλύεται, ἐξ ὧν αἱ πίστεις γίγνονται περὶ αὐτῶν, εἴρηται. 30

fico para os outros, porque se honram os benfeitores e os bons; e também são invejáveis todos os bens de que frui o próximo, como por exemplo a riqueza e a beleza mais que a saúde.

É evidente quais são as pessoas invejáveis: as que possuem esses bens e semelhantes são dignas de inveja. São tais bens os já citados, como a coragem, a sabedoria, a autoridade, pois os que têm autoridade podem fazer bem a muitos: estrategos, oradores, todos os que têm capacidade para as coisas desse gênero. E aqueles a quem muitos querem ser semelhantes, ou de quem muitos querem ser conhecidos ou amigos. Ou aqueles a quem muitos admiram, ou a quem nós próprios admiramos. E igualmente aqueles cujos elogios e louvores são proferidos por poetas ou por logógrafos.

Desprezam-se os de caráter oposto, porque o desprezo é o contrário da emulação, e o fato de sentir emulação é o contrário do desprezar. Necessariamente os que estão num estado de ânimo que os faz invejar a outros ou ser invejados tendem a desprezar todas as pessoas e todos os objetos que apresentem os males contrários aos bens dignos de inveja. Por isso, muitas vezes se desprezam os que gozam de boa sorte, quando esta não vem acompanhada de bens honrosos.

Eis o que tínhamos a dizer sobre os meios pelos quais surgem e cessam as paixões, fontes de onde se tiram os argumentos retóricos.

2ª edição junho de 2021 | **Fonte** Garamond Light
Papel Offset 75 g/m² | **Impressão e acabamento** Bartira